W0273209

Das ersehnte Kind wird unter großen Komplikationen geboren und mit Hilfe der Technik zum Leben gezwungen: geistig schwerbehindert. Wie wird die Mutter damit fertig, daß sie von nun an für ein »solches« Kind dazusein hat?
Zunächst setzen lange Phasen tiefer Verzweiflung ein, unterbrochen von kurzen Hoffnungsschimmern. Wäre es nicht für alle besser, dieses stumpfsinnige Wesen könnte sterben? Äußerlich sieht man ihm nichts an, es ist sogar hübsch, vielleicht bessert sich ja sein Zustand noch, und es wird ganz normal! Irgendwann wird die innere Versteinerung der Mutter durch zaghafte Fragen nach den Möglichkeiten einer gemeinsamen Zukunft ohne Ablehnung und Ausklammerung der Behinderung aufgebrochen. In einer Art Selbstanalyse setzt sie eine Wandlung in Gang, die zu einer inneren Befreiung führt und ihr dadurch die Annahme des Kindes ermöglicht. Es gelingt ihr auch noch ein weiterer Schritt: Sie erkennt, wie sinnlos in diesem Fall für sie selber und für das Kind die quälenden Versuche sind, mit Medikamenten und allen möglichen Therapien den Schaden ungeschehen zu machen. In einem eindringlich beschriebenen Entscheidungsprozeß kommt sie dahin, die Behinderung des Kindes konstruktiv in ihr Leben einzubeziehen und sich von allen illusionären Vorstellungen frei zu machen.

Petra Dreyer wurde 1952 in Großenhain in der DDR geboren. 1968 zog sie um in die Bundesrepublik und studierte später in Frankfurt am Main Erziehungswissenschaften. Bis 1982 arbeitete sie im sozialpädagogischen Bereich. Seit der Geburt ihres Kindes ist sie Hausfrau und Mutter.

Petra Dreyer

Ungeliebtes Wunschkind

Eine Mutter lernt, ihr behindertes Kind anzunehmen

Fischer
Taschenbuch
Verlag

Lektorat: Anke Rasch

Einmalige Sonderausgabe
Veröffentlicht im Fischer Taschenbuch Verlag GmbH,
Frankfurt am Main, Januar 1993

© 1988 Fischer Taschenbuch Verlag GmbH, Frankfurt am Main
Umschlaggestaltung: Balk/Heinichen/Walch
Gesamtherstellung: Clausen & Bosse, Leck
Printed in Germany
ISBN 3-596-11534-5

Gedruckt auf chlor- und säurefreiem Papier

Persönliche Erfahrungen mit Krisen

Unter dieser Überschrift legt der Fischer Taschenbuch Verlag Bücher vor, deren Autoren aus eigenem Erleben oder auch aus der Betroffenheit über das Schicksal eines anderen versuchen, Ereignisse und Empfindungen zu reflektieren. Ob die Ursache der Krise psychische oder physische Erkrankung, das Scheitern einer Partnerschaft oder sonst ein tief berührendes Erlebnis war – es gab Anlaß, das Leben zu überdenken.

Für Prof. Dr. Aloys Leber, dem ich verdanke, emotionale Probleme wahrnehmen, ausdrücken und bearbeiten zu können, und ohne dessen Anregung, Begleitung und Hilfe dieses Buch nicht entstanden wäre.

Inhalt

Eine dramatische Geburt – der Kampf ums Überleben beginnt

Irgendwann im Alltag »professioneller Mutterschaft« als Diplompädagogin tauchte der Wunsch nach einem eigenen Kind auf: Einmal die gesamte Entwicklung eines Kindes unmittelbar zu erleben, nicht nur stunden- oder tageweise, einmal mitreden zu können, *mein Kind* sagen zu können, all das stellte ich mir viel besser und befriedigender vor als die zuweilen nervende und manchmal auch langweilige, zeitlich begrenzte Fürsorge für die Kinder anderer.
Unendliche Freude, als feststand: Ich bin schwanger! Stolz trug ich meinen immer dicker werdenden Bauch, ganz beschäftigt mit dem kleinen Wesen in meinem Inneren. Gerade erst im Entstehen, nahm ich Besitz von meinem Kind, formte es nach meinen Vorstellungen und verplante sein Leben in jedem Gespräch, jeder Überlegung. Geburt, Kindergarten, selbst die Schule waren vorweggenommen in meiner Phantasie.
Mein Wunschkind entstand – ein Superkind, und ich natürlich die tollste Mutter der Welt.
Ungeduldig sah ich dem Tag der Geburt entgegen, die letzten Wochen und Tage schienen endlos lang. Dann endlich war es soweit, die Wehen setzten ein.
Ich hatte mir nie etwas anderes vorstellen können als eine unkomplizierte, natürliche und ambulante Entbindung. Voller Träume und ganz kribbelig, mit allen notwendigen Utensilien ausgestattet, fuhren mein Mann Dieter und ich los zu dem Arzt, der mich entbinden würde.
Fast 30 Stunden lehrten mich, daß eine Geburt etwas sehr Kompliziertes, Schmerzvolles, Anstrengendes, ja beinahe Fürchterliches sein kann. Noch immer versagt die Erinnerung an diese Stunden, nur das Ende steht glasklar vor mir: Ein Kind – mein Kind, ohne Atmung endlich meinem Bauch

entrissen, von Arzt und Hebamme mühsam zurückgeholt ins Leben, liegt für Augenblicke in meinem Arm.
Unser Sohn, vor Stunden noch strampelnd in der warmen Hülle meines Leibes, liegt plötzlich reglos mit geschlossenen Augen da.
Aufflackernde Freude, Stolz, eine Mutter zu sein. Doch bevor dies alles Realität für mich werden kann, ist mein Kind schon verschwunden, zurück im Arm der Hebamme, begleitet von meinem Mann auf dem Weg ins Krankenhaus, dazu verdammt, die kommenden Tage um das Leben zu ringen.
Zurück bleibt ein Schlachtfeld, Tücher voller Blut, das Empfinden von Unwirklichkeit, einem Traum, aus dem ich gleich erwachen werde.
Ich empfinde nichts mehr, rein gar nichts mehr, will nur noch nach Hause. Soeben Mutter geworden und doch nicht, alles nur ein Irrtum?

Nein, es ist kein Irrtum. Weit von mir entfernt, im Kinderkrankenhaus in einem Glaskasten, angeschlossen an rote, blaue und durchsichtige Schläuche, *lebt* mein Kind. Für Stunden aus eigener Kraft, dann wieder mit Hilfe modernster Technik – Leben um jeden Preis, keiner weiß, ob es für mein Kind ein Morgen gibt, ob es leben oder sterben wird.
Noch zu schwach, um mein Kind besuchen zu können, erfahre ich von seiner Existenz über meinen Mann, die Hebamme, die mich täglich besucht, und die Ärzte, denen von nun an mein Kind gehört, die alles Menschenmögliche tun werden, damit dieses Kind den Kampf gegen den Tod gewinnt.
So weit weg, bleibt mein Sohn ein Phantom, ein Gedanke für mich. Ich weiß ja nicht einmal richtig, wie er aussieht, zu kurz war die Zeit, die er in meinem Arm bleiben durfte. Für mich lebt er nicht. Ich kann ihn nicht streicheln, nicht an mich drücken, nicht stillen. All das, was ich mir erträumt habe vor der Geburt, ist zerstört, einfach weg, ausgelöscht.
Es wäre vielleicht zu ertragen ohne die ständigen Hiobsbotschaften: Gehirnblutung, frühkindlicher Hirnschaden, Sau-

erstoffmangel, eventuelle Behinderung. Worte, die unaufhörlich in meinem Kopf hämmern, Worte, bekannt aus Lehrbüchern, aus dem Studium, und das Schlimmste – das Wissen, daß mein Kind, wenn es überlebt, behindert sein wird.
Voller Angst vergrabe ich mich im Bett, möchte nie mehr aufwachen müssen und wünsche nur eins – mein Kind möge sterben. Worte des Trostes – abzuwarten, noch könne man ja nichts sagen, auch Kinder mit so schwerer Geburt hätten sich normal entwickelt –, egal, von wem sie kommen, erreichen mich nicht. Ohne es begründen zu können, ich weiß jenseits jeder Gewißheit, daß mein Kind behindert sein wird.
Ich möchte schreien, toben, wenigstens weinen können, aber ich liege da wie gelähmt, und in meinem Hirn ohne medizinischen Schaden hämmert es: Möge dieses Kind doch sterben, bitte, bitte, es soll sterben. Nur sein Tod wäre Trost für mich, lieber ein Ende mit Schrecken als ein Schrecken ohne Ende. So ein geschädigtes Kind wollte ich nicht haben, nein, nein und nochmals nein. Aus dem Wunschkind wird ein unerwünschter Sohn, den ich am liebsten nie sehen würde.
Nach vier Tagen hat mein Kind den Kampf gewonnen, es lebt ohne Unterstützung durch die Technik.
Ich nehme die Information zur Kenntnis, in mir regt sich überhaupt nichts, mein Gefühl ist taub, weder Freude noch Trauer stellen sich ein. Starr wie ein Stein registriere ich, daß mein, unser Kind lebt, wir nun eine Familie sind.
Keine Geburtsanzeige, keine Bekanntgabe, daß wir Eltern geworden sind. Alles, was wir schaffen, ist, unserem Sohn einen Namen zu geben – JENS.

Der kleine Jens im Glaskasten
Schuldgefühle, Angst und Verzweiflung

Die ersten Besuche im Krankenhaus. Auf wackeligen Beinen stehe ich vor meinem Kind, d. h. vor dem Glaskasten, in dem es noch immer liegen muß.
Flach atmend, die Augen geschlossen, Arme und Beine reglos neben dem winzigen, zerbrechlichen Körper, so liegt Jens da. Ein ausgesprochen hübsches Kind, doch erinnert es an eine Puppe, nicht an einen kleinen, lebendigen Menschen.
Da ist sie, diese Distanz, die ich noch oft erleben werde im Zusammensein mit ihm. Jens ist eher ein Schmuckstück, knuddelig, aber *tot*.
Hilflos schaue ich auf meinen Sohn, hoffe auf ein Lebenszeichen von ihm – nichts. Zaghaft schiebe ich meinen Arm durch die runden Öffnungen des Glaskastens, streichle ängstlich mit nur einem Finger Jens winzigen Körper, so als könnte ich ihn damit zu einem ganz normalen Babyleben erwecken.
Tatsächlich verändert sich seine Atmung, wird schneller, ich streichle ihn weiter, jetzt mit der ganzen Hand. Warm und weich wird mein Kind fühlbar für mich, Jens beginnt zu existieren. Kein Phantom mehr, ganz real liegt da mein Kind, reagiert auf mein Streicheln. Am liebsten würde ich ihn rausholen aus diesem blödsinnigen Kasten, ihn ganz fest an mich drücken, meine Kraft, mein Leben in ihn hineinpressen.
Aufsteigende Tränen dränge ich zurück, ich muß tapfer sein, er muß in dem Kasten liegenbleiben, ich kann im Moment nichts weiter für ihn tun als dasein, ihn streicheln und ihm meine Milch über eine Sonde geben.
Tun möchte ich etwas ganz anderes: den Kasten zerschlagen, mein Kind auf den Arm und mit nach Hause nehmen, auch um den Preis, daß dies seinen Tod bedeuten würde.
Ich spinne, ich bin verrückt, schaltet sich mein Verstand ein. Bin ich wirklich so verrückt? Heißt nicht Leben für ein neuge-

borenes Kind, ganz dicht am Körper der Mutter zu sein, ihre Wärme zu spüren, von ihr genährt und behütet zu werden?
Die Notwendigkeit des Getrenntseins von Jens läßt mich erneut erstarren. Gefühle haben keinen Platz in der Welt der Medizin, meine Hand zieht sich vom Körper meines Sohnes zurück, verläßt den Glaskasten und verschwindet in der Tasche des weißen Kittels, den ich anziehen mußte.
Erschöpft verlasse ich Jens, die Klinik und überlasse mein Kind dem Glaskasten, der Technik und den Ärzten mit einem schwachen Schimmer der Hoffnung, daß vielleicht doch noch alles besser ausgeht, als ich es mir bisher vorgestellt habe.
Wieder zu Hause, wieder weit weg von Jens, mache ich einfach schlapp. Daß ich Jens gesehen, ihn gestreichelt habe, macht alles im Augenblick nur noch schlimmer. Ich versinke in Grübelei: Will ich dieses Kind? Ist es wirklich *mein* Kind? Was wird in den kommenden Tagen aus ihm werden? Werde ich wirklich mit ihm leben können? Wie wird unser Familienleben aussehen, werden wir es schaffen? Warum mußte alles so schiefgehen? Welche Schuld trifft mich? Was habe ich falsch gemacht?
Die Gedanken drehen sich im Kreis, ich schließe die Augen und wünsche mir wieder den Tod von Jens.

Mein Wunsch erfüllt sich nicht. Jens hat den Kampf ums Überleben gewonnen und wird zur besseren Betreuung und Versorgung in die Uniklinik verlegt. Zwei Tage später liegt er befreit von Kanülen und Schläuchen in einem kleinen, blaulackierten Gitterbett in einem Zimmer zusammen mit anderen Babys auf der Säuglingsstation. Nur noch eine Nasensonde, über die er ernährt wird, erinnert an die ersten qualvollen Tage.
Ich kann Jens täglich, wann und so lange ich will, besuchen, ihn jetzt auf den Arm nehmen, ihn knuddeln, herumtragen oder einfach neben ihm stehen, ihn anschauen.
Jens' Tod rückt aus dem Bereich des Möglichen. Ich habe

also ein Kind. Anders als vorgestellt, im Krankenhaus liegend, unter ständiger medizinischer Kontrolle, aber es lebt.
Freuen kann ich mich trotzdem nicht. Jens' Leben ist ein Leben um jeden Preis, mit Hilfe der Medizin der Welt des Todes, der Leblosigkeit wieder entrissen. Und welcher Preis es endgültig sein wird, ist noch ungewiß. Ich kann nur ahnen, daß er hoch sein wird. Nicht für die Ärzte, nicht für das Krankenhauspersonal, die alles, was sie konnten, für Jens getan haben, sondern für mich, für meinen Mann, für unsere gemeinsame Zukunft, die von der bangen Frage, welche Schäden bei Jens als irreparabel zurückbleiben werden, überschattet wird. Erneut das Gefühl der Starre, das Empfinden, zu einem Granitblock zu werden und erneut das Unvermögen jeglichen spontanen Gefühls angesichts der Erwartung eines gräßlichen Urteils: daß dieses Kind, das im Augenblick friedlich schlafend und zum Anbeißen knuddelig da im Bett liegt – mein Kind, Jens, schwerbehindert sein und bleiben wird, ein Leben lang angewiesen auf die Pflege durch andere Menschen.
Voller Angst beginne ich mit der Lektüre aller verfügbaren Literatur über frühkindliche Hirnschädigung. Am Ende werfe ich entmutigt und wütend die Bücher in eine Ecke. Das, was ich bisher von den Ärzten weiß, ist zuwenig, um mich im Dschungel der Möglichkeiten eventueller Auswirkungen zurechtzufinden.
Auch will ich die Wahrheit noch gar nicht wissen. Ich klammere mich noch immer an die Hoffnung des Irrtums.
So schnell wie möglich soll Jens aus dem Krankenhaus raus. Fast vier Wochen sind seit dem Tag seiner Geburt vergangen, Wochen voller Angst, Zweifel, Widerstand gegen dieses Kind, aber auch Wochen, in denen scheue Liebe und ein Fünkchen Stolz entstanden, fast unbemerkt, doch hin und wieder spürbar, wenn die Angst für kurze Zeit ihre Krakenarme zurückzog.
Die Atmosphäre im Krankenhaus läßt wenig von der so zerbrechlich keimenden Zärtlichkeit für Jens zu. Alles ist so

klinisch rein, steril, der Tagesablauf durchorganisiert bis ins Detail, und trotz drückender Hitze fröstelt es mich ständig in diesem medizinischen Gemäuer. Gefühle frieren hier ein, und meine sind ohnehin kümmerlich genug. Zu Hause, so stelle ich mir vor, gelingt es mir sicher besser, die immer noch vorhandene Mauer zwischen Jens und mir zu durchbrechen.

Alle notwendigen Untersuchungen und Beobachtungen sind nach Angaben der Schwestern und Ärzte abgeschlossen. Warum sollte Jens noch länger in der Klinik bleiben? Ganz besessen von dem Gedanken, Jens sofort rauszuholen aus dem Alltag seines Krankenhauslebens, laufe ich den Ärzten, die in geschäftiger Eile durch die Gänge und Zimmer schwirren, hinterher. Es ist gar nicht so einfach, einen der weißbekittelten Männer zu erwischen und zum Stehenbleiben zu überreden, aber dann habe ich es doch geschafft.

Die Antwort ist ein vernichtendes Nein. Allen Mut zusammennehmend, fordere ich wenigstens noch eine Erklärung für die Ablehnung.

Jens sei noch zu schwach, müsse noch beobachtet werden, regelmäßig und vor allem pünktlich seine Medikamente bekommen, für eine Entlassung sei es einfach noch zu früh. Ich höre zu und gleichzeitig auch nicht, da tauchen sie auf, die Krakenarme, die Angst, also stimmt doch etwas nicht mit Jens.

Auf die bange Frage nach dem Warum die *beruhigende* Antwort: soweit alles in Ordnung, nur Vorsorge, um nichts zu versäumen. Dann schwebt der Arzt davon, ich habe schon zu viel von seiner kostbaren Zeit beansprucht mit meinem blöden Gefrage, so kommt es mir jedenfalls vor.

Entmutigt kehre ich an Jens' Bett zurück. Er sieht weder schwächer noch kräftiger als all die anderen Kinder aus, die hier liegen, egal, wie lange ich ihn betrachte. Wenigstens einen Spaziergang in der Sommersonne möchte ich ergattern. Also wieder raus auf den Gang, wieder *Jagd* auf einen Kittel. Ich habe Glück, der Arzt taucht wieder auf, aber

auch auf die Frage nach dem bißchen Freiheit im Klinikgarten kommt ein keinen Widerspruch duldendes Nein.
Wie ein Ballon ohne Luft bleibe ich zurück, fühle mich müde, zerschlagen und hilflos. Noch einmal laufe ich rein mechanisch zurück zu Jens, der inzwischen schläft. So verlasse ich für diesen Tag die Klinik, im Gefühl, völlig ausgepumpt zu sein.
Wieder zu Hause, lasse ich meinem Ärger freien Lauf. All die ungelebten Gefühle der vergangenen Tage und Wochen, Wut, Trauer, Verzweiflung, Gefühle der Schuld und all die ungeweinten Tränen angesichts solch eines Schicksals entladen sich im Haß gegenüber der Medizin. Mangelndes Wissen, Unkenntnis der medizinischen Vokabeln machen mich hilflos, ängstlich und blind im Vertrauen zu den Halbgöttern in Weiß. Aber diese haben nie Zeit, ihre Aussagen sind vage, befreien nicht von den quälenden Fragen, überall nur Verunsicherung und das Gefühl, als Mensch nicht wirklich ernstgenommen zu werden. Ob all das aus Unsicherheit, Mitgefühl oder purer Gedankenlosigkeit entsteht, ich weiß es nicht. Ist mir in diesem Augenblick auch egal, da sind nur Wut und Haß. Beides schleudere ich jedem, der in meine Nähe kommt, entgegen.
Zu meiner Überraschung finde ich Unterstützung und Hilfe bei Freunden. Sie vermitteln mir den Kontakt zu bekannten Ärzten, und mit deren Hilfe wiederum gelingt es innerhalb kürzester Zeit, Jens nach Hause zu holen.
Erwacht aus der Starre, endlich wieder ein Mensch mit Gefühlen, wenn auch zunächst mit denen, die ich am wenigsten an mir mag, habe ich einen Sieg errungen, habe mich durchgesetzt. Ein ganz klein bißchen bin ich stolz, daß ich, daß wir – denn ohne Unterstützung meines Mannes hätte ich es nicht geschafft – ein Ziel erreicht haben: Wir sind komplett, vier Wochen nach Jens' Geburt!

Ein Alltag voller Zweifel – Mutterglück stellt sich nicht ein

Jens ist zu Hause, da wo er gleich nach seiner Geburt hätte sein sollen. Jetzt kann ich sein Zimmer, das so lange Zeit leer stand, endlich betreten, muß nicht mehr einen großen Bogen um diesen Raum machen und die Tür verschlossen halten, endlich nicht mehr diese Leere, die nicht sein sollte.

Glücklich und traurig zugleich werden wir eine Familie, aber mit welcher Zukunft?

In meinen Träumen hielt ich immer ein kleines, zufriedenes, vom Stillen sattes Kind in meinem Arm. Ich sah mich, es glücklich betrachtend, gewärmt von meiner Wärme, geborgen durch meine Verfügbarkeit.

Der häusliche Alltag mit Jens ist von Anfang an ganz anders, anstrengend und von Zweifeln überschattet.

Bisher wurde Jens per Sonde oder Flasche ernährt, aber ich möchte ihn gern stillen. Ich habe genug Milch, habe sie bisher abgepumpt, nun versuche ich, Jens ans Trinken an der Brust zu gewöhnen. Es dauert lange, bis es dem kleinen Kerl gelingt, so kräftig zu saugen, daß er auch genügend Milch bekommt, aber er schafft es dann doch. Ich bin stolz, daß ich durchgehalten habe, und Jens entgegen aller Voraussagen gestillt werden kann. Doch das phantasierte Mutterglück stellt sich bei mir nicht ein.

Steif, den Kopf von mir abgewandt, die Augen starr nach links oben gerichtet, saugt Jens an meiner Brust. Er saugt, saugt und saugt, auch dann, wenn längst keine Milch mehr kommt. Er läßt nicht los, wenn er satt ist, und wenn ich ihn sanft wegziehe, weil meine Brust vom vielen Saugen schmerzt, beginnt er fürchterlich zu schreien. Ich muß ständig warten, bis er eingeschlafen ist, erst dann kann ich ihn von mir trennen und ins Bett oder auf seine Krabbeldecke le-

gen. Selbst dabei wird er meist wieder wach, und wieder beginnt das Schreien. Tragen, schaukeln und mit beruhigenden Worten ihn ansprechen, alles bleibt ohne Erfolg. Erst wenn ich ihn wieder an die Brust lege, wobei ich sie ihm in den Mund schieben muß – allein sucht er nicht danach –, beruhigt sich Jens wieder.
Nur in diesem direkten Kontakt mit mir bleibt Jens ruhig und einigermaßen entspannt.
Das einzig Mögliche wäre, so kommt es mir vor, Jens an mir festzukleben, dann könnte ich mich wenigstens in der Wohnung bewegen. Alles bleibt liegen. Ich komme mir vor wie in einem Film: Das ist kein normales Kind, was ich da geboren habe, das ist ein kleiner Teufel, der total von mir Besitz ergriffen hat.
Bis zur Erschöpfung, bis ich einfach nicht mehr kann, trage ich Jens mit mir herum. Lege ich ihn dann doch hin, weil es einfach nicht mehr anders geht, beginnt ein Alptraum: Jens schreit, und das stundenlang, bis er vor Erschöpfung endlich einschläft, um bald darauf mit Gebrüll wieder wach zu werden. Während ich mich vor Müdigkeit kaum noch auf den Beinen halten kann, braucht er scheinbar keinen Schlaf.
Ich beginne zu ahnen, daß da etwas überhaupt nicht stimmt. Die anderen Babys, die ich kenne, verhalten sich nicht so quengelig, schlafen viel mehr, sind entspannter und zufriedener als mein Kind und gestatten ihren Müttern Pausen der Erholung.
Geduld, du mußt Geduld haben, diesen Satz leiere ich mir vor, so wie man ein Tonband abspult, wohl spürend, daß ich längst keine Geduld mehr habe mit diesem schreienden Biest. Die schwierige Geburt, die Wochen im Krankenhaus, das muß Jens erst mal verkraften, er braucht jetzt diese Verfügbarkeit – schöne Worte, ein Anspruch, mehr nicht.
Ich sage mir, Jens braucht mehr als jedes andere Kind Wärme und Geborgenheit, denn die hat er ja in den ersten Wochen vermissen müssen, aber mit seinem Verhalten macht er es mir unmöglich, eine liebevolle, einfühlsame Mutter zu sein. Ich verstehe sein Schreien nicht, weiß nicht,

was ich noch machen könnte, um ihn zu beruhigen. Nichts ist mit tollster Mutter der Welt, stündlich versage ich, tue ich irgendwas, das ihn zum Weinen bringt. Total übermüdet und mit verwundeten Nerven, beziehe ich jede Unmutsäußerung von Jens auf mich und fühle mich als Rabenmutter. Schließlich bin ich ja schuld an Jens Existenz, ich wollte unbedingt ein Kind, mußte eine ambulante Entbindung machen. Jetzt habe ich die Quittung für meine Überheblichkeit und Naivität.

Die Quittung liegt schreiend im Bett, Symbol ständiger Anklage und Herausforderung an das Muttersein.

Ich habe versagt, versagt, versagt, hämmert es durch meinen Kopf. Das kommt davon, wenn man meint, alles besser als andere, die eigene Mutter oder andere Mütter machen zu können. Da hast du die Strafe für dein anmaßendes Denken. Warum wolltest du unbedingt ein Kind, hättest ja gleich wissen können, daß das nicht gutgeht, hast schon genug Tiefschläge in deinem Leben erlitten. Glaubst du nun daran, daß das Schicksal nichts Gutes für dich bereithält? Denk an deinen behinderten Bruder, denk an all die anderen Schwierigkeiten.

Vor mir tut sich ein großes, schwarzes Loch auf, in dem ich zu versinken drohe. Noch mal über Jahre hinaus ein Leben mit Problemen, wo ich doch gerade angefangen hatte, mein Sein etwas optimistischer zu betrachten, ich kann es mir nicht vorstellen, dazu habe ich nicht die Kraft.

Kurz bevor ich in Verzweiflung ertrinke, klammere ich mich an die vage Hoffnung, daß es mir vielleicht doch noch gelingt, mit Jens einigermaßen klarzukommen. Lautstark fordert Jens nun auch wieder sein Recht, ich muß nicht weiterdenken, kann die vernichtenden Gedanken bis zum nächstenmal verscheuchen. Denn daß sie mit Sicherheit wiederkommen, weiß ich.

Woche um Woche vergeht, Jens wird nicht ruhiger, wir gewöhnen uns an sein So-sein und manchmal taucht sogar wieder diese schüchterne Zärtlichkeit auf. Voller Staunen betrachte ich dann Jens, seine winzigen Arme und Beine, sein hübsches Gesicht. Es ist einfach ein Wunder, daß er Monate in meinem Bauch gewachsen ist und nun vor mir liegt. Wenn er doch nur ein ganz normales Kind wäre, wenn mein Leben mit ihm doch ebenso wie das von all den andern Müttern verlaufen würde.

Dem ist nicht so. Fällige Vorsorgeuntersuchungen und Termine bei der Krankengymnastin zwingen mich zwar, mit Jens nach draußen zu gehen, dem Alltag zu begegnen, aber es macht mir keinen Spaß. Ich spüre nicht den Stolz einer Mutter, wenn sie ihr Kind ausfährt, bin meist gereizt und unglücklich und passe einfach nicht in diese Welt, die ich da vorfinde. Noch immer strahlender Sonnenschein, sommerliche Wärme, lachende Kinder in Bus und Bahn, und selbst den sonst eher mürrischen Erwachsenen gelingt ein Lächeln. Es ist schön draußen, kein Platz für Traurigkeit.
Doch in diesem Jahr werde ich nicht angesteckt von der Fröhlichkeit der anderen Menschen, nervt mich das bunte, ausgelassene Treiben im Freien.
Ständig lebe ich mit dem Gefühl, daß unmöglich alles einfach so weiterlaufen kann wie bisher. Die Welt müßte doch stehenbleiben, zumindest müßte sich der Himmel verfinstern, dunkle Wolken müßten aufziehen, Sturm und Regen alles in dichtes, undurchdringbares Grau verwandeln. Weltuntergangsstimmung, auch in der Natur, das wäre das Richtige angesichts meiner Situation. Wie kann das Leben nur so ungerecht sein, keine Notiz von meiner düsteren Stimmung, von den bedrückenden Gedanken nehmen?
Unfaßbar, das Leben geht einfach weiter, meine Katastrophe wird ignoriert...
Wie eine Marionette ziehe ich mit meinem Kind durch die Gegend, versuche die Tage rumzukriegen und dabei so normal wie möglich zu erscheinen.
Sehr schnell aber spüre ich, daß dieses Normalsein erst einmal nicht so ohne weiteres für mich möglich sein wird. Freude, Sorglosigkeit, ein spontanes Lächeln sind wie weggeblasen. Hinter mir gehen Angst und Verzweiflung, beglei-

ten jeden Schritt, den ich mache. Ganz besonders, wenn ich Freunde und Bekannte treffe, lauern diese unsichtbaren Begleiter in meinem Rücken. Fragen nach Jens' und meinem Befinden werden gestellt, man will wissen, wie die Zukunft meines Kindes aussieht, welche Schäden zu erwarten sind, was man dagegen tun kann, welche medizinischen und therapeutischen Hilfen es gibt.
Ich habe keine Antwort auf all die Fragen, die Anteilnahme ausdrücken, Betroffenheit zeigen und wohl auch den Versuch, mir zu helfen. Mich regen diese Fragen schlicht auf, verstärken meine Hilflosigkeit, meine Wut und die Angst vor der Zukunft.
Das hier ist erst der Anfang, wie wird das alles weitergehen? Am liebsten würde ich mit Jens in meinen vier Wänden verschwinden, nichts hören und sehen und schon gar nichts mehr sagen oder erklären müssen.
Unfähig, meine Ängste und Zweifel auszusprechen, meinen wahren Gefühlen und Gedanken Ausdruck zu verleihen, entwerfe ich in einer Mischung aus Boshaftigkeit und Selbstschutz Jens' Zukunft:
Mein Kind ist schwer körperlich und geistig behindert, wird nie laufen und sprechen können, immer auf fremde Hilfe angewiesen sein. Jens ist ein schwachsinniges Kind, wobei ich schwachsinnig besonders betone, Ausschußware, nur am Leben, um Arbeit zu machen und Schrecken zu verbreiten.
Kalt und monoton kommt diese Prognose aus meinem Mund als Antwort auf die immer wiederkehrenden Fragen.
Das Entsetzen in den Augen meines jeweiligen Gegenübers, das abrupte Schweigen des Fragenden erfüllen mich mit Genugtuung. Ein Teil meiner Verzweiflung ist übergesprungen auf den anderen, verunsichert nun ihn und macht Angst. Für mich ist die Begegnung somit beendet, und im Gefühl des Triumphes marschiere ich mit meinem Sohn davon.
Triumph? – wieder allein, fühle ich mich hundeelend. Die düstere Vision über Jens' Zukunft ist das Kleid meiner

Angst, einer Angst davor, daß es eben nicht nur eine Vision, sondern traurige Wahrheit sein wird.
Noch kann man Jens nichts ansehen, ist das Ausmaß seiner Behinderung nicht sichtbar, noch gibt es keine passende Schublade, damit aber die Hoffnung, die Behinderung meines Kindes könne minimal sein. Jens sieht weder dumm noch häßlich aus, ein süßer kleiner Fratz, ein Baby, das bestaunt wird, weil es so hübsch ist.
»Was, so ein hübsches Kind soll behindert sein? Das wird sich alles noch geben, ganz bestimmt, glauben Sie mir.«
Mehr als einmal höre ich solche und ähnliche Sätze, höre sie irgendwie auch gern, denn sie nähren die Illusion, alles könne doch noch gut werden...
Jens macht es mir und all den Menschen, die mit ihm in Kontakt kommen, aber auch wirklich schwer. Wäre er ein häßliches Entlein, dann wären Aussehen und Prognose über sein Leben identisch – häßlich, unnormal und schlimm, aber unabänderlich. So aber verunsichert er ungleich mehr, paßt nicht in unsere Vorurteile und Phantasien von einem geistig behinderten Kind.
Jens – eine lebende Provokation! In diesem Augenblick hasse ich ihn. Wenn er schon so geschädigt ist, kann er's dann nicht wenigstens auf eine eindeutige Art und Weise sein, so, daß ich, daß alle anderen wissen, woran man ist.
Da ist es wieder, das schwarze Loch. Ich wußte, daß es wieder auftauchen würde. Und dann ein weitaus schrecklicherer Gedanke – das schwarze Loch, das ist nicht ein undefinierbares Etwas, das hat mit mir, meiner Person zu tun. Wer bin ich, wenn ich vor Wut und Haß überfließe, vollgestopft mit Vorurteilen, mein Kind nicht annehmen kann, es verstecken möchte und mir nichts sehnlicher wünsche, als nie Mutter geworden zu sein?
Dieses Kind macht mich noch verrückt, zwingt mich, Empfindungen in mir wahrzunehmen, die mir so unangenehm sind, die mich, mein Selbstbild bedrohen.
Bloß nicht weiterdenken, sofort aufhören, das halte ich einfach nicht aus!

Was für ein Monster habe ich da geboren? – Schon wieder so eine nichtmütterliche, erschreckende Idee.
In täglicher Geschäftigkeit ersticke ich diese Gedanken. Ich versorge Jens, füttere ihn, sorge für saubere Windeln, gehe mit ihm spazieren... Vielleicht ist alles halb so schlimm, behalten diejenigen recht, die an Jens nichts Auffälliges feststellen können, die daran glauben, daß aus ihm im Laufe der Zeit ein ganz normales Kind werden wird.

Das Befürchtete tritt ein
Ein langer Leidensweg von Arzt zu Arzt

Nichts ist halb so schlimm. Nach etwa drei Monaten wird die Hoffnung, Jens könne trotz schwieriger Geburt und Hirnblutung glimpflicher davongekommen sein als angenommen, jäh zerstört.

Plötzlich, ohne erkennbaren äußeren Anlaß zuckt Jens zusammen, verkreuzt beide Arme vor der Brust, sein Kopf fällt ruckartig nach vorn und so verharrt er einige Sekunden, um dann völlig schlaff in meinen Arm zurückzusinken. Anfangs glaube ich, Jens sei über irgend etwas, ein Geräusch, eine unbedachte Bewegung von mir erschrocken, doch als sich sein *Erschrecken* häuft, bin ich mir ziemlich sicher, daß Jens krampft – erstes sichtbares Zeichen seiner Behinderung.

Der Kinderarzt bestätigt meine Vermutung, diagnostiziert ein Anfallsleiden.

Obwohl ich es ja schon vermutet habe, erstarre ich vor Schreck. Aus dem Mund des Arztes klingt die Tatsache, daß Jens krampft, wie ein Todesurteil. Nicht die gesprochenen Worte sind es, die mich so treffen, es ist der Blick dieses Mannes, in dem ich etwas von meinem Entsetzen, meiner Unsicherheit, Verwirrung und Angst wiederzufinden glaube. Tausend Fragen auf den Lippen nach dem Warum, dem Wieso, der Bedeutung und der Zukunft meines Kindes, schaue ich den Arzt an, aber kein Wort verläßt meinen Mund. Stumm sitze ich da, umklammere Jens so fest, daß ich ihn fast erdrücke. Unbarmherzig und brutal steht vor mir: Mein Kind ist ein Kind, dessen Gehirn nicht richtig funktioniert. Es ist keine Vision mehr, nein, es ist eine nackte Tatsache, festgehalten auf einem weißen Untersuchungsblatt, von medizinischer Autorität bestätigt.

Alles, bloß das nicht! Ein Mensch ohne funktionierenden

Kopf ist für mich unvorstellbar. Ich, die so von und mit dem Kopf lebt, die Wissen, Intelligenz und geistige Wendigkeit als ihr einzig verfügbares Kapital betrachtet, um im Leben einigermaßen zurechtzukommen, ausgerechnet ich soll ein Kind haben, dessen geistige Fähigkeiten eingeschränkt sein sollen, dem vor allem noch weitere Einschränkung droht, wenn es nicht gelingt, die Anfälle unter Kontrolle zu bringen.
Dagegen muß einfach etwas unternommen werden. Aber was?
Zu allem Übel kündigt sich auch noch ein weiteres Symptom an. Trotz ständiger Krankengymnastik wird Jens von Tag zu Tag steifer. In sich verschraubt, mit nach hinten gedrehtem Kopf, liegt er im Bett, Kinderwagen oder auf seiner Krabbeldecke. Beide Arme fest angewinkelt, die Hände zu Fäusten geschlossen, die Beine über Kreuz, angespannt und gespannt wie ein Flitzebogen liegt er da und weint. Nicht nur sein Gehirn spielt verrückt, auch sein winziger Körper verweigert jede normale Funktion. Beides zusammen ist einfach zu viel für mich, es darf nicht wahr sein.
Nein! Ein verzweifelter Aufschrei, den keiner hört, da er in meinem Innern vermauert bleibt, der aber die folgenden Monate meines Lebens mit Jens bestimmen wird.
Von einem normalen Alltag kann jetzt überhaupt keine Rede mehr sein. Die Untersuchungen beim Kinderarzt und die Gymnastik reichen nicht mehr aus, um Jens' Behinderung zu erfassen und geeignete Therapie- und Heilungsmaßnahmen zu ergreifen.
So beginnt für mich und Jens ein langer Weg von Arzt zu Arzt, von Wartezimmer zu Wartezimmer, zu Spezialisten in Fragen Anfallsleiden und Spastik, immer in einer Mischung aus Hoffnung auf Hilfe und Angst vor neuen, schlimmen Diagnosen.
Ungezählte Vormittage vergehen damit, mit Jens irgendwohin zu fahren. Die Wege sind oft weit in einer so großen Stadt wie Frankfurt, und die Benutzung der öffentlichen Verkehrsmittel mit einem Kinderwagen ist beschwerlich, manchmal unmöglich.

Ich habe mir einen Känguruh-Sitz geliehen, so komme ich allein ganz gut zurecht, muß nicht ständig um Hilfe beim Ein- und Aussteigen bitten, und Jens kann die meiste Zeit in engem Kontakt mit mir bleiben.
Dennoch bleibt jede Fahrt schwierig, Jens macht sich oft steif, sein Körper ist ganz Abwehr, und bei jedem Halt von Bahn oder Bus beginnt er zu schreien. Nur gleichförmige Bewegungen, das Vibrieren der Fahrzeuge oder mein Laufen, beruhigen ihn. Es ist, als suche er ständig die Wärme und das sanfte Getragensein in meinem Bauch, als wolle er einfach wieder dorthin zurück, weil es draußen zu hart und bedrohlich ist für ihn.
Wie wäre es, fänden wir beide eine Riesenmutter, die uns gemeinsam in ihrem großen Bauch aufnähme? Wir könnten zusammen verschwinden in einer unendlichen Landschaft der Geborgenheit. Statt dessen sitzen wir im Bus, Jens weinend und ich immer unruhiger werdend.
Besorgte Mitreisende verteilen ihre Ratschläge und wissen natürlich, daß Jens nur deshalb so schreit, weil ich ihn in diesem blöden Sitz transportiere, der dem Kind, wie man hört, keinen Spaß macht und nur das Rückgrat verbiegt. Unverzeihliche Dummheit einer jungen Mutter, so einem kleinen Kind eine solche Fahrt zuzumuten, aber heutzutage... Rabenmutter, alternative Spinnerin, die nichts besseres zu tun hat, als ihr Kind zu quälen.
Welche Erleichterung, wenn ich endlich aussteigen kann, das Ziel unserer Reise erreicht ist. Ein tiefes Durchatmen, bevor ich der nächsten Anstrengung begegne.
Genervt von der Fahrt, wütend auf mein schreiendes Kind, mit klopfendem Herzen und voller Angst, welche Scheußlichkeit nun wieder auf mich zukommen mag, betrete ich eines der vielen Wartezimmer. Jens hat inzwischen Hunger, muß gefüttert werden. Das ist jedesmal ein Abenteuer, denn die fremde Umgebung, die unterschiedlichen Geräusche lenken ihn ab. Zwischendrin kaue ich selbst auf einem Brot oder Apfel herum; das geschieht mehr aus Vernunft als aus Appetit, ich brauche Kraft, ohne Essen werde ich noch

nervöser. Und wie's der Teufel will, oft werden wir gerade dann, wenn Jens ißt, etwas Ruhe eingekehrt ist, in eines der Sprechzimmer gerufen.

Jens wird aus- und angezogen, was er mit wütendem Geschrei kommentiert, auch wenn alle Ärzte, Schwestern oder ich sehr behutsam dabei vorgehen. Die Untersuchung selbst löst noch mehr Geschrei aus, bis Jens wieder gewindelt und angezogen in meinem Arm liegt. Ich erhalte dann noch ein paar Anweisungen vom Arzt, ein Medikament oder einen Therapievorschlag.

Diese sich im Prinzip ständig wiederholende Zeremonie gibt beiden Seiten, dem Arzt oder Therapeuten und mir, Zeit – Zeit, die averbalen Signale wahrzunehmen, zu deuten, um im anschließenden Gespräch über Jens' Gesamtbefinden und in manchen Fällen auch über das der ganzen Familie zu reden.

Wie weit kann ich mich vorwagen? Welche Fragen kann ich stellen? Kann ich über meine Gefühle sprechen, oder ist es besser, Jens als einen klinischen Fall zu betrachten, abstrakt in den bekannten Formeln Anfallsleiden und Spastik. Werde ich eine Prognose über die Zukunft meines Kindes erhalten, eine ehrliche Antwort oder nur Vertröstungen?

Ähnliches muß sich auch im Kopf meines jeweiligen Gegenübers abspielen: Was kann ich dieser Mutter sagen? Wie wird sie Diagnose und Behandlungsvorschlag aufnehmen?

Unsicherheit und Angst vor unkontrollierten Reaktionen erfüllen den Untersuchungsraum, bilden eine unsichtbare Mauer zwischen Arzt und mir. Keiner hat den Mut, auch nur einen winzigen Stein aus dieser Mauer zu brechen, und sei es nur für einen Augenblick, um das Betroffensein über Jens' starke Behinderung zum Ausdruck zu bringen.

Mein *Glück*, daß ich eine beherrschte Mutter bin, die ruhig aufnimmt, was nun einmal zu sagen ist: Jens' Entwicklungschancen sind gering. Es steht zu befürchten, daß er sein Leben lang ein Pflegefall bleiben wird.

Äußerlich ganz ruhig, ohne eine einzige Träne, ohne be-

schwörende Worte, man möge meinem Kind doch helfen, verlasse ich mit Jens das Sprechzimmer, nur von Mal zu Mal etwas hoffnungsloser. Wieder einmal ist's überstanden, ich kann mit meinem Kind nach Hause fahren.
Müde und traurig beginne ich die Heimfahrt. Was erwartet mich außer Essen kochen, Windeln wechseln und Jens herumtragen, außer erneutem Grübeln über mein und Jens' Schicksal?
Dabei sind die Arztbesuche vergleichsweise harmlos. Jens' Gequengel und Geschrei bewegt sich im gewohnten Rahmen. Schlimmer und noch entmutigender, auch viel mehr an die eigene Substanz gehend, sind die EEG-Untersuchungen.
Gleichgültig, zu welcher Tageszeit ich mit Jens dort ankomme, das Wartezimmer ist immer brechend voll. Das allein reicht schon aus, um Jens und auch mich gereizt werden zu lassen. Aber es kommt noch dicker. Vor der Untersuchung erhält Jens ein Schlafmittel, damit er während des EEGs ruhig ist, sich nicht bewegt und damit die Aufzeichnungen stört. Was als Erleichterung und Vereinfachung gedacht und mir auch so erklärt worden ist, erweist sich in bezug auf mein Kind als Katastrophe: Mitunter stundenlang warte ich darauf, daß Jens einschläft. Das Wartezimmer leert sich, selbst jene, die viel später als wir kamen, können wieder nach Hause gehen. Jens aber schläft und schläft nicht ein. Er wird nur zunehmend nörgeliger, bekommt Hunger und Durst, kann aber unter Einwirkung des Schlafmittels nicht mehr richtig trinken, bleibt deshalb hungrig und weint.
Ungeduldig, ihn von einem auf den anderen Arm schiebend, spaziere ich mit ihm durchs Zimmer, über den Flur, immer wartend, daß er doch endlich ruhig werde und einschlafe. Ich atme auf, wenn Jens endlich die Augen schließt, meist jedoch zu früh – er öffnet die Augen wieder. Verwirrt, wohl nicht wissend, wo er sich befindet, mich nicht mehr wahrnehmend, weder wach noch schlafend, gerät Jens zunehmend in Panik und schreit, schreit, bis er blau anläuft,

sich ständig verschluckt und hustend nach Atem ringt. In diesem Zustand ist Jens durch nichts mehr zu beruhigen, bis zur Erschöpfung brüllt er und schläft dann, Gott sei's gedankt, ein.

Warum lasse ich das zu, warum sehe ich mir mit an, wie mein Kind leidet? Warum?

Inmitten der geballten medizinischen Autorität, den weißen Kitteln, schläfrig von der Krankenhausluft und am Ende meiner Kraft, werde ich selbst zum Kind. Meine mit piepsiger Stimme vorgetragenen Fragen, Einwände und Bedenken werden überhört oder aber bestimmt als unberechtigt abgelehnt. Als Mutter verstehe ich von alledem nichts. Richtig, wie soll ich auch, wenn es mir keiner erklärt. Die Untersuchung ist eine Notwendigkeit, und ich will doch wohl auch das Beste für mein Kind, außerdem warten noch x andere Patienten auf Behandlung. Entweder warte ich, bis Jens ruhig ist, oder ich muß an einem anderen Tag wiederkommen. Dann aber beginnt der Zirkus von vorne, also füge ich mich in das Unvermeidbare.

Ruhig und schlafend kann Jens endlich für das EEG vorbereitet werden. Er wird auf eine Liege gelegt und festgeschnallt, ich darf neben ihm sitzen, die Aufnahme verfolgen. Auf seinen Kopf kommt eine Haube mit verschiedenen Anschlüssen, von denen aus Leitungen zum Meßgerät gestöpselt werden. Das Gerät wird eingeschaltet, der Schreiber beginnt seine Tätigkeit, und auf dem Papier erscheinen meterlang seltsame Kurven.

Das Angespanntsein der letzten Minuten löst sich, stumm und mit den Tränen kämpfend betrachte ich Jens. Was mag in diesem kleinen Kerl vorgehen, was mag er empfinden, werden sich diese Stunden der Panik unauslöschlich in sein Gehirn eingraben, ihn vielleicht ein Leben lang verfolgen, und was für ein Leben lang? Wie ein Äffchen aus den Versuchslabors sieht Jens aus, so wie er daliegt mit all den Drähten, hilflos und viel winziger wirkend, als er ist.

Jens merkt von alledem nichts, ihm tut nichts weh, das versichern mir Ärzte und Schwestern freundlich und behutsam.

Ich glaube ihnen gern. Würde ich den Schmerz, die Verletzung, die nicht physischen Ursprungs ist, zulassen, käme ich mit Jens nicht wieder hierher, und das kann ich mir zu diesem Zeitpunkt nicht leisten, noch immer fehlt eine genaue Diagnose.
Die Zähne fest zusammengebissen, meinen Schmerz verdrängend, vertraue ich darauf, daß Ärzte und Schwestern recht haben, die Untersuchung letztlich nicht weiter schlimm ist. Ich schicke meine Empfindungen mit der Bemerkung »überspannt und lächerlich und fehl am Platz« in den Untergrund, wende mich lieber den Fakten zu, lasse mir die Gehirnkurven und ihre Bedeutung erklären und versuche Aufschluß über die Folgen von Krämpfen zu bekommen.
Schließlich ist die Untersuchung vorbei. Wie auf Abruf öffnet Jens die Augen, ganz fest halte ich seine kleine Hand, während er noch von den Drähten befreit und abgeschnallt wird, damit er nicht wieder in Panik gerät und endlos schreit.
Zum Schreien ist der kleine Mann aber noch viel zu müde. Fix und fertig, aber jetzt ganz entspannt, weich und warm liegt er in meinem Arm. Das wäre also fürs erste überstanden, ich kann mit ihm nach Hause fahren, nachdem noch ein neuer Termin vereinbart worden ist. Endlich werde auch ich ruhiger und entspannter, zum Denken bin ich glücklicherweise zu müde, und so bieten wir auf der Heimfahrt der Öffentlichkeit ein ganz anderes Bild als bei der Hinfahrt. Entspannt sitzt Jens im Känguruh-Sitz, sein Körper paßt sich meinen Bewegungen an, müde schließt er seine Augen, und ich halte ihn behutsam fest. Plötzlich sind wir eine Einheit, für Minuten, wenn ich Glück habe, für eine Stunde und länger, sind Wunsch und Wirklichkeit identisch – Jens, das ruhige, sich geborgen fühlende Kind, ich die liebende und verfügbare Mutter.
Lächelnd werden wir bestaunt, Jens als goldig befunden und um seine Nähe zu mir beneidet. Einen Augenblick genieße ich diese Aufmerksamkeit in vollen Zügen, schöpfe etwas

Kraft aus der Illusion des *Normalen*, bevor ich denke: Wenn all ihr Unbekannten wüßtet, welches Theater diesem Bild der Harmonie vorausgegangen ist, wenn ihr wüßtet, womit ich mir diese kurze Zeit der Nähe mit meinem Kind erkauft habe...

Solche Tage – selten gibt es andere, freundlichere, ruhigere – erschöpfen mich: Müde und abgespannt betrachte ich Jens, der völlig verkrampft und schreiend, mit seinem ganzen Körper Leid ausdrückend auf seiner Decke am Boden liegt. In solchen Momenten ist sein Leiden total, Schmerz und Verspannung sind nicht vorübergehende Erfahrung, sondern *die Erfahrung*.

Trostlosigkeit und Hilflosigkeit ergreifen wieder von mir Besitz, diesmal in einer Intensität, der ich mich nicht mehr mit Geschäftigkeit oder Wut auf irgendwas entziehen kann. Meine Tränen lassen sich nicht mehr ersticken, rinnen unaufhaltsam über mein Gesicht, während es in meinem Kopf hämmert: Welchen Wert hat das Leben meines Kindes?

Warum muß Jens so leiden? Welchen Sinn sollte das haben?

Haben medizinische und therapeutische Hilfe denn irgendeinen Sinn außer dem, dieses Leiden zu verlängern und zu manifestieren? Statt sich zu bessern verschlechtert sich Jens' Zustand von Tag zu Tag, wird das Kind unbeweglicher und teilnahmsloser. Wäre es nicht doch besser gewesen, Jens wäre gleich gestorben? Warum um alles auf der Welt hat man ihn für so ein Dasein zurechtgeflickt?

Weiter kullern die Tränen und bilden einen dicken Vorhang, hinter dem Jens verschwindet. Mit jeder Träne, mit jedem Gedanken entferne ich mich weiter von meinem Kind, schrumpft es vor meinen Augen, wird kleiner und kleiner, wandert weit, weit weg. Wenn Jens es doch tatsächlich täte, immer weniger würde, bis er ganz verschwunden wäre, einfach nicht mehr existieren würde. Nur ohne dieses kranke Kind scheint es mir möglich, einmal wieder abschalten zu können, spazierenzugehen mit meinem Mann, unbeküm-

mert zu genießen, von ihm umarmt zu werden, wieder Frau und nicht mehr nur Mutter zu sein, die Anstrengung des Tages für ein paar Minuten zu vergessen.
Nichts davon gelingt mir. Müde und ausgelaugt versinke ich am Abend in den Polstern unserer Couch, möchte nichts mehr hören, sehen oder fühlen, einfach nur noch dasitzen, selbst wieder Baby sein und am Busen einer riesigen Mutter nuckelnd einschlafen.
Aber ich bin kein Baby, und es gibt sie auch nicht, die riesige Mutter. Statt dessen einen Ehemann, der mit seinem Wunsch nach Nähe und Zärtlichkeit eine zusätzliche Belastung für mich ist.
Ich kann ihn nur noch als jemanden, der auch noch etwas von mir will, erleben und seine Gegenwart kaum ertragen. Jede Berührung, jede Annäherung erschreckt mich, läßt mich kalt und abweisend werden. Ich verstehe mich selbst nicht mehr, wünsche doch seine Nähe, habe sie so dringend nötig und reagiere doch so seltsam, so verquer. Was ist los mit mir? Ich schäme mich, spüre seine Verletzung angesichts der Kälte, die von mir ausgeht und kann doch nichts daran ändern.
Noch weniger als ich begreift mein Mann mein Verhalten. Er kann es nur als Ablehnung verstehen, und mehr als einmal höre ich den Satz: Du liebst mich nicht mehr, ich bin hier überflüssig, nur noch Jens zählt.
Ich spüre, daß das so nicht stimmt, aber ich bleibe stumm, höre, wie unmöglich ich seit Jens' Geburt geworden bin, wie Lachen und Lebensfreude aus meinem Alltag verschwunden sind, wie grau und fade ich aussehe.
Es stimmt und es stimmt gleichzeitig auch nicht. Manchmal verirrt sich ein Lächeln in mein Gesicht, manchmal suche ich für kurze Zeit die Nähe meines Mannes, ahne ich, daß es mehr gibt als nur Jens und seine Behinderung, doch dann schiebt sich die brutale Tatsache, für immer mit einem behinderten Kind leben zu müssen, wieder dazwischen. Zurück kehren Kälte und Verschlossenheit, ich kann mich nur noch als Opfer fühlen, es gibt nur noch einen Gedanken: So, das war's für den Rest deines Lebens.

Die Enttäuschung, ein behindertes Kind geboren zu haben, ist so groß und die Tatsache als solche noch so unannehmbar für mich, daß ich Freude und Lachen nicht zulassen kann. Ich brauche die Kälte, die Gefühllosigkeit, um nicht völlig aus dem Gleichgewicht zu geraten. Ich brauche sie, um jeden Morgen wieder aufstehen zu können, um Jens zu versorgen, wenigstens das, wenn ich ihn schon nicht lieben kann.
Ich kann im Augenblick nur so leben, nicht aus Lieblosigkeit meinem Mann gegenüber, nicht um ihn zu ärgern, nicht weil es mir Spaß macht, als graue Maus zu existieren, sondern weil ich einfach nicht mehr anders kann. Sieht das denn keiner? Scheinbar nicht, und ich kann nicht darüber sprechen.
So reiht sich Mißverständnis an Mißverständnis. Stundenlang sitzen mein Mann und ich uns schweigend gegenüber, jeder für sich eingeschlossen in seinen Phantasien, Ängsten und Interpretationen über das Befinden des anderen.
Was ist geblieben von unserer Ehe? Wie Fremde schauen wir uns an, können uns nicht mehr verständigen. Nur der tägliche Streit bildet noch eine Brücke, auf der wir, da uns scheinbar nichts anderes mehr geblieben ist, nun ordentlich rumtrampeln. Ganze Nächte, in denen wir uns eigentlich ausruhen müßten, verbringen wir im Zorn gegeneinander, streiten bis zur Erschöpfung, wie es weitergehen kann und soll, ohne auch nur einen Schritt weiterzukommen.
Wir tun uns weh, absichtlich und unabsichtlich, dabei ist alles ohnehin schon schlimm genug. Oder gerade deshalb? Weil wir beide nicht mehr weiterwissen, uns das aber nicht eingestehen können? Weil wir Tränen und Verzweiflung nicht teilen können, weil wir Angst haben? Aber wovor haben wir Angst?
Unser Zusammensein wird immer trostloser und chaotischer, zwischen uns leben nur noch Wut und Haß, so als hätte es nie Nähe und Zärtlichkeit gegeben, als wäre unsere Liebe zueinander nur ein gigantischer Irrtum gewesen.
Jens muß weg, so kann es einfach nicht weitergehen. Wir, ich schaffe es nicht, mit ihm zu leben, laufe täglich Gefahr,

durchzudrehen. Jens' Leben ist ohnehin kaputt, soll meins, soll unseres es auch noch werden?
Mein Kind in ein Heim zu geben, ist wohl das Vernünftigste und wird mir auch von allen Seiten geraten.
So beginne ich damit, ärztliche Gutachten anzufordern, Briefe zu schreiben, in denen ich bitte, mich von diesem Kind zu befreien. So schreibe ich das natürlich nicht, aber es steht ungeschrieben hinter jedem Satz, den ich zu Papier bringe. Ja, ich will von diesem Kind befreit werden, es soll weg, möglichst schnell.

Während ich auf Beantwortung meiner Briefe warte, geht der Alltag mit Jens weiter, unbequem und traurig. So schnell verschwindet er nicht aus meinem Leben, und ich muß weiterhin mit ansehen, wie geschädigt und unglücklich dieses Kind ist.
Jens' Anfälle häufen sich, die verordneten Medikamente zeigen keinerlei Wirkung, auch die krankengymnastischen Übungen bringen keine Besserung. Nicht nur ich, auch Ärzte und Therapeuten sind verunsichert und am Ende ihrer Weisheit.
Jens ist ein untypischer Patient, ein unmögliches kleines Kerlchen, das jeden, der mit ihm zu tun hat, verwirrt. Am meisten aber verwirrt er mich. Es ist dieses *Unmögliche* an Jens, was mich wütend macht, mir die Tränen in die Augen treibt, dieses Einfach-nicht-wissen, was ich für ihn tun könnte, damit er sich wohler fühlt, damit sein Leben ein bißchen freundlicher wird. Dazu gehört aber auch immer wieder ein Hauch von Zärtlichkeit für ihn, für sein Anderssein, das mich irgendwo auch fasziniert und einen Funken Hoffnung entfacht.
Bekommt Jens vielleicht mehr mit, als ich, als alle anderen Menschen ihm zutrauen. Ist es nur seine Behinderung, die ihn so teilnahmslos macht, oder spürt er meine Ablehnung und die Hilflosigkeit der ihn behandelnden Personen, kann er darum nur so reagieren, wie er reagiert?
Manchmal glaube ich zu spüren, daß seine Abwehr kein pas-

siver Mechanismus ist, der einfach so abläuft, sondern die einzige aktive Leistung, die dieses Kind erbringen kann. Dann wieder denke ich, ich spinne und nehme Dinge wahr, die überhaupt nicht existieren. Ich kenne doch inzwischen die niederschmetternde Diagnose: Spastik, Anfallsleiden und Mikrocephalie. Schon eines dieser Symptome reicht aus, um zu begreifen, daß von Jens und seiner Entwicklung nicht viel zu erwarten ist.

Was ist richtig, was ist falsch? Beide Begriffe verlieren immer öfter ihren Sinn für mich. Ich weiß es nicht mehr. Habe ich es eben noch für vernünftig gehalten, mein Kind in ein Heim zu geben, so kommt es mir kurz darauf absurd vor. Es würde nicht mehr so wie früher. Jens hat mein Denken und Fühlen total aus dem Gleichgewicht gebracht. Ob er nun anwesend ist oder nicht, in mir schlagen Gefühle und Gedanken Purzelbaum, meine eigene Welt steht Kopf, alles, was ich bisher getan und gedacht habe, ist in Frage gestellt.

Ich beginne zu ahnen, daß Jens nicht Schuld hat an meinen Problemen, zumindest nicht er allein. Ich kann dieses Kind im Augenblick nur hassen, aber dieser Haß ist ein so lebendiges Gefühl, zeigt mir, daß ich mit Jens verbunden bin. Wie und warum, das sind Fragen, auf die ich noch keine Antwort finde, aber Jens gehört zu mir, ich kann ihn nicht einfach weggeben.

Aber was dann? Mit ihm leben kann ich auch nicht. Ich sitze in einer Zwickmühle. Gleichgültig, wie ich mich entscheide, es wird immer *falsch* sein, ich sitze fest, kann weder vor noch zurück, kann schlichtweg keine Entscheidung treffen.

Antworten kommen auf meine Briefe. Eigentlich kommt nur *eine* Antwort in unterschiedlicher Formulierung:

Eine Heimunterbringung ist für Jens nicht ratsam. Mit seinen sechs Monaten ist er zu klein, und bei seinem Gesamtzustand wäre eine stationäre Betreuung in einem Krankenhaus angebrachter. Von Krankenhäusern habe ich erst mal genug, dort möchte ich mein Kind nicht verwaltet wissen,

und außerdem bin ich froh, Jens soll nicht weg von zu Hause.
Im Grunde ist es verrückt und gegen alle vernünftige Überlegung, Jens zu behalten. Weitere Schwierigkeiten kommen in absehbarer Zeit auf uns und besonders auf mich zu: Mein Mutterschutzurlaub geht zu Ende, ich werde wieder arbeiten müssen. Wohin dann mit Jens, wer kann und will ihn beaufsichtigen, wenn ich arbeite und mein Mann studiert? Wem kann ich so ein Kind zumuten? Und ich selbst, wie soll ich wieder inmitten kerngesunder Kinder und Jugendlicher leben? Wie soll ich mit ihnen die Freizeit verbringen? Ich habe Angst vor dieser Konfrontation, glaube, dem *normalen* Alltag nicht mehr gewachsen zu sein. All die Fragen, die wieder gestellt werden, denen ich dann nicht mehr ausweichen kann, indem ich einfach zu Hause bleibe.
Nur nicht daran denken, noch habe ich etwas Zeit. Vielleicht gibt es noch eine andere Lösung.
Tatsächlich findet sich solch eine *Lösung*. Jens' Gesamtbefinden ist inzwischen so miserabel, sein Anfallsleiden so bedrohlich, daß auf Anraten des behandelnden Arztes etwas unternommen werden muß. Die Anfälle müssen unbedingt unter Kontrolle gebracht werden, diesmal mit Hilfe einer Cortisonkur. Jens könnte die Spritzen zu Hause bekommen, er müßte weder ins Krankenhaus, noch müßten wir jedesmal in die Praxis des Arztes fahren. Ein wohltuendes Angebot, das meine Belastung berücksichtigt, ein Strohhalm, an den ich mich klammere, denn vielleicht wird diesmal alles besser.
Doch dann lese ich den Beipackzettel, auf dem sämtliche Nebenwirkungen des Cortisons verzeichnet sind. Eine endlose Liste die mir die Haare zu Berge stehen läßt. Zwar besteht die Möglichkeit, daß Jens anschließend nicht mehr krampft, aber ich muß damit rechnen, daß er während der gesamten Behandlung besonders infektanfällig sein wird, daß Gesicht und Körper dick und rund werden vom Wasser, das sich sammelt, Herz, Niere und Leber können in Mitleidenschaft gezogen werden usw. usw.
Ich mag nicht weiterlesen. Ich meiner Phantasie entsteht ein

Kind, das nun nicht nur geistig und körperlich behindert sein wird, sondern auch noch ständig krank. Auch das letzte Plus, sein knuddeliges Aussehen, wird allmählich verschwinden, am Ende wird Jens behindert, krank und häßlich sein. Und seine Anfälle – sie könnten dann verschwunden sein, aber es gibt keine Sicherheit, ein Versuch, ein Experiment, weiter nichts.
Unter den Briefen, die mich erreichen, befindet sich auch einer von den Bodelschwinghschen Anstalten in Bethel. Jens könnte in die Klinik für anfallskranke Kinder aufgenommen, untersucht und auf neue Medikamente eingestellt werden. Ein Platz ist frei, ich, wir müssen uns kurzfristig entscheiden.
Bethel, das bedeutet für mich Erfahrung im Umgang mit Epileptikern. Dort sind behinderte Kinder und deren Probleme Alltag und nicht die Ausnahme, das Besondere. Ich erhoffe mir ein größeres Maß an Sicherheit von seiten der Ärzte und Therapeuten, als ich es bisher erfahren habe, und entschließe mich überraschend schnell, mit Jens in die Klinik zu fahren. Es bedeutet für mich auch, einen letzten Versuch wagen, um mehr über Jens' Behinderung zu erfahren und vielleicht sicherer im Umgang mit ihm zu werden. Ich möchte mir später nicht den Vorwurf machen, etwas versäumt zu haben.
Mein Entschluß heißt zunächst einmal, aus meinem Schnekkenhaus herauszutreten, klar zu sagen, daß Jens vorerst zu Hause bleibt. Ich bitte meinen Arbeitgeber um Sonderurlaub und suche gleichzeitig jemanden, der anschließend Jens betreut, wenn wir zurück sind, ich wieder arbeiten muß.
Alles geht viel schneller, als ich zu hoffen gewagt habe. Ganz selbstverständlich erhalte ich Urlaub, steht nicht mein Funktionieren als Arbeitskraft im Vordergrund, sondern entscheidend sind meine und Jens' Probleme. Ich erfahre spontane Zustimmung und Ermutigung und bin gerührt. Auch wenn ich es zu diesem Zeitpunkt nicht ausdrücken kann, ich schöpfe Hoffnung, fühle mich weniger allein.

Gleichzeitig bietet mir eine Freundin an, Jens zu betreuen. Wir haben uns während der Schwangerschaftsgymnastik kennengelernt, ihr Sohn ist nur ein paar Tage älter als Jens, und sie will Jens, dieses schreiende und problematische Kind, während meiner Abwesenheit versorgen.
Steine, nein, Felsen fallen von mir ab, so große Angst vor Ablehnung und Ausflüchten hatte ich, habe kaum gewagt, um Hilfe zu bitten, und nun läuft dies so unproblematisch.
Erst viel später, nachdem mein Leben mit Jens weniger problematisch geworden ist und ich mich wieder freier fühle, kann ich all denen, die mir so selbstverständlich geholfen haben, wirklich danken.
Zunächst konzentrieren sich noch all meine Gefühle und Gedanken auf Jens und die kommende Zeit in Bethel.

Bethel gibt neuen Mut
Erinnerungen werden wach

An einem trüben, regnerischen Novembertag sitzen wir drei – mein Mann, Jens und ich – im Auto, fahren, ja wohin eigentlich? Bethel ist das Ziel, aber nicht nur als Ort. Wo werde ich wirklich ankommen, was wird mich erwarten?
Beklemmendes Schweigen auf der Fahrt, keiner von uns wagt, über die mitfahrenden Gefühle und Gedankenspiele zu sprechen. Hoffnung und Angst wechseln ständig. Wird es wieder ein Reinfall, steht am Ende wieder die Feststellung, daß Jens nicht zu helfen ist? Oder geschieht ein Wunder, wartet da irgendwo ein Medikament, eine Therapie, die Jens hilft?
Soll ich optimistisch oder lieber pessimistisch sein? Mir ist nicht bewußt, daß gar nicht Jens Mittelpunkt meines Interesses ist, sondern daß es in all meinen Gedanken und Empfindungen um mich geht. Im Grunde weiß ich längst, daß mein Kind schwerbehindert ist, daß Medikamente und Behandlung sein Befinden zwar etwas bessern können, aber die Tatsache, daß er nie ein ganz normales, gesundes Kind sein wird, die muß ich irgendwann akzeptieren. Nur, ich kann es nicht und versuche, mich zu wappnen, um nicht wieder verzweifelt in Tränen auszubrechen, wenn ich hören muß, was Realität ist.
Die Wahrheit, das heißt die Gegenwart, ist noch immer unerträglich für mich, mit ihr kann ich mich nicht auseinandersetzen. Einfacher dagegen ist der Traum von einer besseren Zukunft, einem Tag X, an dem Jens krabbeln, sitzen oder laufen kann oder die Sehnsucht nach dem Vergangenen, der Zeit ohne dieses behinderte Kind.
Und doch werde ich mich der Gegenwart stellen müssen, davor habe ich am meisten Angst.
Jens' Zukunft ist ungewiß, so viel habe ich in den vergange-

nen Monaten begriffen. Bethel wird daran nichts ändern können, auch wenn ich vielleicht etwas mehr an Sicherheit und Verständnis finden werde. Wie aber wird *meine* Zukunft aussehen? Werde ich wirklich langfristig mit einem behinderten Kind leben können? Was wird aus meiner angeknacksten Ehe? Wohin fahre ich?

Vorerst in eine Kinderklinik – wir kommen an. Alle Überlegungen treten in den Hintergrund, das Ziel ist erreicht.

Wieder einmal sitzen wir Ärzten gegenüber. Wieder einmal zum erstenmal. Erinnerung an die Schwangerschaft, die Geburt, die bisherige Behandlung. Ich berichte routiniert eine Geschichte, meine, unsere Geschichte zum was weiß ich wievielten Male. Ich erzähle nicht meine, unsere Geschichte, erzähle nichts von unseren Ängsten und Vorbehalten, ich schildere die bekannten Daten. Diesmal verursachen sie auf seiten des Arztes kein betretenes Schweigen, kein Entsetzen. Hier kennt man solche Geschichten. Die ruhigen und anteilnehmenden Fragen wirken tröstend, der Arzt als mitfühlendes Gegenüber, ohne weißen Kittel, der mich, uns reden läßt, und dann spreche ich zum erstenmal aus, was ich sonst nur in meinem Kopf hin und her schiebe:

Ich weiß nicht weiter, möchte wissen, wie Jens sich entwikkeln kann, ob ich ihn behalten kann, ob es einen Sinn hat, so viel Energie für ihn zu opfern. Es ist raus, ausgesprochen – endlich! Danach kullern die Tränen, zum erstenmal schäme ich mich nicht, erlaube mir den Luxus, die Beherrschung zu verlieren. Anschließend gehen wir mit dem Arzt zum Essen, er zeigt uns Klinik und Gelände, während Jens bei den Schwestern bleibt, sein Bett hergerichtet wird, denn die Klinik wird für längere Zeit sein und mein Zuhause werden.

Kleine Gesten, die hier selbstverständlich sind, die uns einen Teil der Angst nehmen. Keine Geschäftigkeit, kein steriles Krankenhausweiß, bunte Kinderbetten, Bilder an der Wand, ein extra Spielzimmer, Schwestern, die nicht so gehetzt wirken, die mit anderen Kindern spielen.

Ich glaube, hier kann ich bleiben, meine Entscheidung war

richtig, hier fühle ich mich besser aufgehoben mit Jens als in den verschiedensten Praxen und Einrichtungen. Hier sind wir nicht die Außenseiter, ist die Behinderung die Normalität. Ich begreife, daß mein Schicksal nicht so einmalig, so unnormal ist, daß es viele Kinder wie Jens gibt und ebenso viele Eltern, die damit leben müssen. Es ist kein Trost, bestimmt nicht, aber ein Aufatmen, das Empfinden: so ist es eben, was mich ruhiger und zuversichtlicher werden läßt.

Für meinen Mann wird es Zeit, sich zu verabschieden. Er muß zurück, er will zurück nach Frankfurt. An den Wochenenden wird er uns besuchen.

Ich bleibe mit Jens zurück. Der kleine Mann wird begeistert in den Klinikalltag aufgenommen. Er ist das jüngste Kind, vor ihm war noch kein Baby hier, liebevoll wird Jens auf den Arm genommen, herumgetragen, er ist der Star der Kinderstation.

Beschämt und schuldbewußt schaue ich zu, mit wieviel Leichtigkeit und Freude die Schwestern Jens annehmen, dieses schwerbehinderte Kind. Zu sehen, daß man Jens einfach gern haben kann, ungeachtet seiner Behinderung, stimmt mich froh und traurig zugleich. Traurig, weil ich deutlich wie noch nie spüre, wie mühsam, wie gequält meine Liebe zu diesem Kind noch ist, wie weit mein Weg noch sein wird, bis ich ihn auch einmal einfach in den Arm nehmen kann, ohne an seine Behinderung zu denken. Froh, weil ich erlebe, daß das möglich ist.

Fünf Wochen bleibe ich mit Jens in Bethel, krisenreiche Wochen, in denen so viel geschieht, daß sie mir später wie Jahre erscheinen.

Mein Alltag in der Klinik bekommt eine andere, neue Struktur, die sich dadurch von daheim unterscheidet, daß ich viel mehr Zeit für mich habe. Ich übernachte zunächst außerhalb bei einer Bekannten, später in der Klinik in einem eigenen Zimmer, was für mich bedeutet, endlich einmal wieder durchschlafen zu können. Auch tagsüber kann ich allein spazierengehen, mich eine Stunde hinlegen, etwas für mich tun. Jens wird von den Schwestern versorgt, ich kann dabei-

sein, muß es aber nicht. Ich brauche mich nicht um den eigenen Haushalt zu kümmern und bin am Abend wirklich allein mit mir.
Erst jetzt fällt mir auf, daß ich ein halbes Jahr lang nicht mehr zur Ruhe gekommen bin. Kein Wunder, daß in meinen Gedanken und Gefühlen nur Chaos herrscht, ich hatte keinen Raum, keine Zeit, ein Gefühl wirklich zu erleben, einen Gedanken zu Ende zu denken. Jetzt tanzen sie einen bunten Reigen, die Gefühls- und Gedankenfetzen, verfolgen mich. Schlaflos wälze ich mich im Bett von einer Seite auf die andere, keine Ablenkung, kein Kind, das ich versorgen muß, kein Mann, mit dem ich streiten kann, nur ich ganz allein. Und dann tauchen sie alle wieder auf, die Fragen, Ängste und Unsicherheiten, die Zweifel, Selbstanklagen, die Schuldgefühle, das Selbstmitleid.
Das also bin ich – Mutter eines behinderten Kindes, das ich nicht akzeptieren kann, das ich verkaufen möchte wie ein kaputtes Auto, das ich loswerden will.
Ich kann und will dieses Schicksal nicht auf mich nehmen, will nicht schon wieder Opfer sein. Wäre mein Leben bisher einfach gewesen, könnte ich Jens vielleicht als einen Wink des Schicksals begreifen, aber mein Leben war nicht einfach. Immer schon hat es Tiefschläge gegeben, habe ich mich mühsam abgestrampelt, versucht, dem Leben Leichtigkeit und Unbeschwertheit abzutrotzen, ich habe versucht, immer aus allem noch das Beste zu machen, vernünftig zu sein, mich nicht gehenzulassen, habe Wut und Trauer beiseite geschoben, gelacht, wenn es längst nichts mehr zu lachen gab, habe versucht, ein lieber, angepaßter und hilfsbereiter Mensch zu sein, freundlich und korrekt, nicht leichtfertig handelnd, sondern den Verstand gebrauchend. Ich habe immer funktioniert, selten gestört. Und jetzt werde ich gestört von diesem Kind, genau in dem Augenblick, als ich anfange, mich weniger benachteiligt zu fühlen, es wage, mir etwas zu wünschen, nämlich ein Kind. Aber es soll nicht so sein, ich soll nichts für mich haben, jedenfalls nichts Erfreuliches.

Warum nicht, warum ausgerechnet ich?
Wütend schleudere ich mein Kopfkissen an die Wand, nein, das alles hat keinen Sinn, wofür und von wem werde ich bestraft?
Lieber Gott – unbemerkt haben sich meine Hände gefaltet –, murmle ich vor mich hin, lieber Gott, wenn es dich gibt, dann laß ein Wunder geschehen, wenn Jens gesund wird, dann werde ich wieder an dich glauben.
Ohne es zu merken, bin ich in meiner Wut, meinem Haß und meiner Verzweiflung wieder ganz klein geworden, greife zu den Beschwörungsformeln, die mir schon als Kind dienen sollten, das Leben und seine Widersprüche zu begreifen. Erschreckt fahre ich auf, ich bin verrückt, ich glaube schon lange nicht mehr an einen Gott, der mir helfen könnte, wieso reagiere ich so kindlich, bin doch längst erwachsen.
Nein, das bin ich nicht, auf einmal wird mir klar, daß ich in all den Jahren nur nach außen erwachsen geworden bin, innerlich bin ich ein Kind geblieben, klein und verletzlich, alleingelassen mit meiner Wut und meinem Haß, irritiert vom Widerspruch in Wort und Geste der Erwachsenen, kontrolliert und zum Selbsthaß erzogen von einem strafenden *lieben* Gott, der alles sieht und hört.
In diesem Zimmer, in diesem Bett bin ich ganz allein, keiner kann meine Worte, mein Schluchzen hören, keiner, den ich mit meiner Wut und meinem Haß verletzen kann und der mir deshalb beides verbietet. Ich bin allein mit mir und meiner Phantasie. Aus der erwachsenen Frau wird ein kleines, haßerfülltes Mädchen, das sie, alle die, die ihm bewußt oder unbewußt hundert-, tausendmal Leid zugefügt haben, am liebsten ermorden möchte. Die Köpfe sollen rollen, ein Blutbad soll es werden, faszinierend schön. All das Miese werde ich ausgraben, beim Namen nennen, keine Entschuldigung mehr finden, unvernünftig werde ich sein, schreien und weinen, Wut und Trauer verbreiten.
Weiter komme ich nicht, Angst, unsagbare Angst vor mir selbst macht sich breit. All meine noch verfügbare Energie nehme ich zusammen, um nicht wirklich ein kleines haßer-

fülltes Biest zu werden. Ich bin doch inzwischen ein erwachsener Mensch und soll morgen meinen Sohn bei den ersten Untersuchungen begleiten, ihm Ruhe und Trost vermitteln. Wie könnte ich das, wenn ich mich jetzt so gehenlasse.

Ich habe mich beruhigt, mich wieder im Griff, atme tief durch und stelle erleichtert fest, daß es manchmal auch gut sein kann, einen Kopf zu haben.

Und doch bleibt etwas zurück von diesem kurzen Ausflug in die Welt meiner Gefühle – das plötzliche Erkennen, selbst behindert zu sein. Nicht so offensichtlich, so unübersehbar wie mein Sohn, sicher nicht, und doch...

In mir schlummert ein Vulkan ungelebter Empfindungen und Eindrücke, der jeder Zeit auszubrechen droht, dessen Ausbruch ich aber verhindern muß. Ich fürchte seine ausströmende Lava, an der ich glaube zu verbrennen, verrückt zu werden. Denn das, was da in mir lebt, ist nicht lieb, nicht geordnet, ist nicht vernünftig, ist alles andere als erwachsen. In mir herrschten Chaos und Verwirrung. Irgend etwas ist gründlich falsch an und in meinem Leben, und ich beginne zu ahnen, was das ist:

Ich bin ein Kopfmensch, versuche mit dem Verstand allein das Leben zu bewältigen, analysiere, suche Erklärungen, möchte heute genau planen, was morgen sein wird, ich fasse Vorsätze, entwerfe eine Frau, eine Mutter, die ich sein will. Ich verrenke mich nach allen Seiten, um nicht aufzufallen, nicht aus der Rolle zu fallen, ich versuche ständig alles zu sein, nur nicht ich selbst.

Weiter arbeitet es in meinem Kopf:

Und dann gebäre ich ein Kind, das all das repräsentiert, was ich mühsam aus meinem Leben verbannt habe, was ich in mir unterdrücke und verurteile – Wut, Geschrei, Hilflosigkeit, ein Kind, das, klein und zerbrechlich, angewiesen ist auf meine Liebe.

Wie aber kann ich mein Kind lieben, wenn ich für alles Defekte, Unpassende nur Verachtung empfinde? Es kann einfach nicht gehen, ganz klar!

So viel bittere Erkenntnis, jetzt hätte ich gern einen vertrauten Menschen um mich, jemanden, der mir zuhört, der mich festhält, der mich trotzdem mag. Nur, es ist keiner da, ich kann mir nicht einmal einen vorstellen, fühle mich einsam und schlafe erschöpft ein.

Am folgenden Tag, wie eigentlich immer tagsüber, bin ich abgelenkt von dem, was mit Jens geschieht. Er wird beobachtet und untersucht. In zeitlich geraffter Form wiederholt sich für ihn und für mich das vergangene halbe Jahr. Mehrere EEG-Untersuchungen, Röntgenaufnahmen, eine Computertomographie, Vorstellung bei der Krankengymnastin, Einstellung auf ein Medikament.

Für Jens noch einmal die alte Tortur. Er weint und krampft, ist verwirrt, wehrt sich, hat Angst und bleibt auch für die Ärzte und Therapeuten hier ein Rätsel.

Und doch ist es anders als bisher. Inzwischen kenne ich die Abläufe und Jens' Reaktionen. Ich lasse zwar noch immer zu, daß mein Kind auch leidet, aber ich versuche, die unangenehmen Tagesabschnitte zu mildern, bitte um Pausen oder erkläre von Anfang an, mit welchen Schwierigkeiten zu rechnen ist, bitte Ärzte und Schwestern um Geduld. Ich stelle viele Fragen, nehme nichts mehr als gegeben hin. Fast bin ich ein bißchen erstaunt über mich selbst, ich bin mutiger und etwas sensibler gegenüber Jens. Ich finde aber auch Unterstützung, die Ärzte, die Schwestern nehmen mich ernst, antworten auf meine Fragen. Ich bin nicht irgendeine dumme Mutter mit ihrem behinderten Kind. Ich bin Jens' Mutter, Jens', des kleinen Kerls, den sie hier alle mögen, dem sie eine echte Chance der Entwicklung wünschen, nicht weil er so nicht in unser gewohntes Bild von einem funktionierenden Menschen paßt, sondern weil hier sein Leben als sinnvoll betrachtet wird.

Abends, wieder allein, versuche ich dann, all das am Tage Gehörte, Gesehene und Empfundene zu verarbeiten.

Anfangs kann ich keinen roten Faden finden. Bilder aus meiner Kindheit, gegenwärtige Erlebnisse, Aussagen über Jens' Behinderung, Ergebnisse der Untersuchungen, vage

Aussagen über seine Entwicklung und Träume von einer besseren Zukunft wirbeln bunt durch meine Gedankenwelt. Noch immer taumle ich zwischen Resignation und Hoffnung, warte auf irgendein Wunder, wünsche, daß alles nicht so ist, wie es ist.
Hin und her, auf und ab, oft drehe ich mich im Kreis, sitze in der Zwickmühle, manchmal jedoch finde ich eine Spur, einen Weg, den ich glaube begehen zu können.
Ich versuche eine Bestandsaufnahme zu machen:
Ob ich es will oder nicht, ich bin seit über einem halben Jahr Mutter eines behinderten Sohnes. Mein Sohn ist nicht vielleicht behindert, er ist auch nicht nur ein wenig behindert, er ist schwerstbehindert. In seiner körperlichen und geistigen Wahrnehmung und in seinen Fähigkeiten ist er stark eingeschränkt. Was und wie er in Zukunft lernen und sich entwikkeln kann, ist ungewiß, kein Arzt, kein Therapeut kann darüber eine klare Aussage machen.
Es wird versucht, Jens' Anfälle mit Hilfe von Medikamenten zu unterdrücken und seine Bewegungsunfähigkeit mit Gymnastik abzubauen, mit welchem Ergebnis, das ist auch noch nicht abzusehen.
So viel habe ich nüchtern und sachlich aus all den Gesprächen entnommen und soweit mir möglich begriffen. Mein Kopf weiß, daß es in absehbarer Zeit keinen Tag X geben wird, an dem all das gegenwärtige Elend vergessen sein wird, daß es auch kein einfaches Zurück gibt.
Was aber mache ich nun mit meinem Kopfwissen? Da wird es schwierig für mich. Für mich ist Jens nicht ein Patient oder Klient, den ich stundenweise erlebe, den ich untersuche oder mit dem ich zweimal die Woche turne. Für mich ist er auch nicht das süße Baby, der Star der Kinderstation. Ich kann auch sein Leben noch immer nicht als sinnvoll betrachten. Mir läuft es nur eiskalt den Rücken runter, wenn ich ältere behinderte Kinder oder Erwachsene in Bethel treffe und mir vorstelle, daß mein Kind auch einmal so sein wird. Mit 15 Jahren sitzt er dann im Rollstuhl, eine Babyrassel in der Hand, dämlich grinsend, sabbernd und undefinierbare

Laute von sich gebend. Allein der Gedanke daran bringt mich fast um.
Wie immer ich es auch drehe und wende, Jens ist und bleibt ein Alptraum für mich. Warum nur?

An einem der Abende, an dem ich wieder von tausend Gedanken und Phantasien gequält werde, finde ich eine Antwort, komme ich mir und meiner Wahrheit etwas näher:
Eigentlich sollte mir die Welt der Behinderten vertraut sein, auch mein Bruder ist behindert. Jahrelang habe ich mit ihm gelebt, mit ihm gespielt, ihn versorgt, ihm geholfen, mit ihm gelacht, mit ihm gestritten, habe mich über ihn geärgert. Ich habe oft mit ihm gelitten, wenn er fragte, warum es ausgerechnet ihn getroffen habe, habe versucht, ihn zu ermuntern, nicht aufzugeben, habe ihn aber auch mehr als einmal als einen Klotz am Bein empfunden, der mich zwang, Rücksicht zu nehmen. Ich habe auch gesehen, wie er Fortschritte machte und ihn oft beneidet um seine Freude, die so spontan, so herzlich und ungeteilt sein konnte. Ich kannte auch seine Tränen, seine Wut. Und doch ist er mir fremd geblieben in all den Jahren, habe ich keinen Zugang zu seiner Welt, seinen Gefühlen und Gedanken gefunden. Warum?
Plötzlich war er vorhanden, mein Bruder, in unserem Familienleben und verdrängte mich einfach. Er war das Sorgenkind, um das die Familie bangte, das den bis dahin gewohnten Alltag veränderte, Zuwendung und Hilfe beanspruchte. Für Monate, manchmal für Jahre verschwand er in irgendeinem Krankenhaus, war nicht da und doch irgendwie ständig anwesend in den Gesprächen und ernsten Gesichtern der Erwachsenen, in den Fragen der Verwandten und Bekannten. Ein komisches Etwas, mein Bruder. Während die anderen Kinder mit ihren Geschwistern aufwuchsen, rumtollten, lachten oder stritten, glänzte mein Bruder durch Abwesenheit oder dadurch, daß er besonders umsorgt werden mußte.
Verstanden habe ich das nie so ganz, es schien einfach so sein zu müssen.

Sicher, er konnte nicht laufen, nicht mit den anderen Kindern rumtoben, nicht auf Bäume klettern, mußte im Sportwagen gefahren werden, war angewiesen auf fremde Hilfe. Aber war das wirklich so schlimm?
Ihm gehörte jetzt der Löwenanteil an elterlicher Liebe, ihm galt Omas Sorge, Besucher fragten nach ihm, bedauerten ihn, seine Entwicklung wurde beobachtet, mal bang, mal hoffnungsvoll. Um mich brauchte man sich keine Sorgen zu machen, ich war ja in Ordnung, körperlich und geistig fit, der strahlende, hoffnungsvolle Ausgleich – und stand im Abseits. Ich schien kein Recht mehr auf Liebe und Fürsorge zu haben, es reichte, daß ich uneingeschränkt rumtollen und lernen konnte.
Verdammt noch mal, es reichte nicht! Sah denn keiner, wie klein ich noch war, wie angewiesen auf Wärme und Geborgenheit, wie zerbrechlich meine kleinen Schultern noch waren, unfähig, das Schicksal meines Bruders auf ihnen zu tragen?
Ich verstand nur eins: mein Bruder hatte alles ruiniert, mich an einen neuen Platz gestellt, ich war die große, vernünftige Schwester geworden, die nun sehen konnte, wo sie blieb.
Und sie blieb allein. Voller Haß gegenüber diesem Bruder, mit dem sie nie richtig spielen oder streiten konnte, dem sie gern eine Ohrfeige verpaßt hätte, sich aber nie traute, weil er ja so benachteiligt war.
Mit trockenen Lippen und zugeschnürter Kehle sitze ich im Bett, klopfenden Herzens und mit schweißnassen Händen. – Das ist es: Ich durfte nicht hassen! Aber der Haß steckt in mir, steht noch heute zwischen mir und meinem Bruder, steht jetzt zwischen mir und meinem Sohn, er steht überhaupt immer und überall dazwischen. Weiter treiben die Gedanken, überlasse ich mich der Phantasie. Ja, Bruder und Eltern, ich, die große und vernünftige Schwester, das talentierte, intelligente Mädchen, ich hasse euch. Ohrfeigen möchte ich euch, vors Schienbein treten für all das, was ihr mir angetan habt, was ihr mir aufgezwungen habt. Ihr habt mein Nichtbehindertsein, meine Kraft und Energie ausge-

beutet. Ja, ich bin rücksichtsvoll geworden, habe euch Freude gemacht, euch nicht auch noch mit Krankheit oder Lernschwierigkeiten das Leben noch schwerer gemacht als es ohnehin schon war, wenigstens einer, den man rumzeigen konnte. Rumzeigen kann man nur Mädchen, die nett sind, die ihren Bruder behüten, die gut lernen, die den Erwachsenen guten Tag sagen, die nicht wütend oder traurig sind, die lächeln und sagen, es ginge ihnen gut, wenn sie gefragt werden. Viel Energie habe ich darauf verwandt, so zu sein, und Wut und Trauer aus meinem Leben verbannt, denn das paßte nicht zu meiner Rolle.

Wut und Trauer waren Privilegien meines Bruders, der war ja behindert, dem mußte man alles nachsehen.

Ihr konntet kein weiteres geschädigtes Kind gebrauchen, das habe ich schnell kapiert.

Und damit, mit diesem unausgesprochenen Druck, habt ihr mich kaputtgemacht. Jawohl! Und ich bin vielleicht gestörter als mein behinderter Bruder, unsichtbar, still in meinem Innern, erfroren, gestorben, ein funktionierendes Rädchen im Getriebe geworden.

Und nun hört zu, ich werde aufhören zu funktionieren, ich werde meinen Haß nicht wieder vergessen oder verdrängen; ich werde den Geist aus der Flasche befreien, er wird aufsteigen, groß und größer werden. Und wißt ihr, was ich glaube – es kann gar nicht so fürchterlich sein, euch mal zu hassen. Es passiert euch ja nichts dabei, ihr fallt nicht tot um, nur weil ich in Gedanken euch piekse und verletze. Aber es tut mir gut, ich werde wieder ruhiger, der Kloß in meiner Kehle drückt weniger, und ich kann jetzt weinen.

Am nächsten Tag fühle ich mich richtig beschwingt, frühstücke gutgelaunt, endlich mal wieder mit Appetit, um dann Jens zu begrüßen. Ich drücke ihn fest an mich und hüpfe mit ihm durch das Krankenzimmer. Der Tag gehört uns. Untersuchungen stehen keine an, draußen ist es kalt, aber die Sonne scheint, ich werde mit Jens spazierengehen.

Natürlich treffen wir unterwegs viele Behinderte, manche gehen nur vorbei, andere bleiben stehen und sprechen uns

an. Automatisch kehren meine Gedanken zu Jens' und meiner Zukunft zurück, ich gerate wieder ins Grübeln.
Und schon gehört der Tag nicht mehr uns, macht es mir keinen Spaß mehr, mit Jens spazierenzugehen. Totaler Stimmungsumschwung meinerseits, alle vorhandenen und zukünftig möglichen Schwierigkeiten wandern durch meinen Kopf.
Nach dem Ausflug in meine Kindheit fühle ich mich noch weniger in der Lage, meine Rolle als erwachsene Frau und Mutter auszufüllen. Am liebsten würde ich mit Jens tauschen, selbst in einem Kinderwagen warm verpackt liegen, schreien, um auf den Arm genommen und rumgetragen zu werden. Ich möchte einfach nur vorhanden sein, ohne Verpflichtung, ohne Aufgabe, möchte verwöhnt und geliebt werden um meiner selbst willen.
Aber um welchen Preis. Für mich sind Angenommensein und das Ausleben unerwünschter Gefühle wie Wut, Trauer und Angst und das zeitweise einfach Nicht-funktionierenkönnen eng verbunden mit Behinderung, mit dem Makel, nicht zur *normalen* Welt zu gehören, ausgestoßen zu sein, verdammt auf alle Ewigkeit, als Außenseiter, als der andere, der Besondere, der Auffällige zu leben.
Um diesem Schicksal zu entgehen, das ja nicht nur in meiner Phantasie besteht, das noch immer trauriger Alltag ist, habe ich mich selbst immer wieder verleugnet, meine Träume und Wünsche, meine Gefühle und Gedanken immer wieder zensiert, habe mich nicht getraut, so zu sein, wie ich bin, unvollkommen, wütend und traurig, nicht einverstanden mit meinem Schicksal. Ja, ich fühle mich angeschissen vom Leben, es muß mal gesagt sein!
Jens hat das Faß zum Überlaufen gebracht. Daß er behindert ist, ist solch eine Kränkung für mich, eine so tiefe Verletzung, daß ich einfach fix und fertig bin.
Meine Gegenwart ist beschwerlich und unerfreulich, die Zukunft ungewiß und wenig hoffnungsvoll, meine Vergangenheit steckt voller schmerzlicher Erfahrungen, und meine Seele ist behaftet mit dunklen Flecken.

Hart, aber wahr. Mein Schritt wird wieder leichter, beschwingter, ich fange an, hinter dem Kinderwagen zu hopsen, streichle und küsse Jens. Er ist trotz allem oder gerade deswegen mein Kind. Ich werde ihn nicht weggeben, werde versuchen, ihm eine gute Mutter zu sein. Wie, das weiß ich noch nicht. Es wird noch ein langer Weg sein bis zu dem Tag, an dem ich ihn ohne Vorbehalt werde lieben, versorgen und begleiten können, aber es erscheint mir jetzt nicht mehr unmöglich.

In den folgenden Tagen passiert nicht mehr soviel in der Klinik. Alle Untersuchungen sind abgeschlossen, Jens ist auf ein neues Medikament eingestellt. Jetzt soll nur noch abgewartet und kontrolliert werden, ob seine Anfälle sich auch tatsächlich reduzieren, eventuell ganz aufhören.

Nach all den Gesprächen mit Ärzten, Schwestern und Therapeuten weiß ich, daß Jens' Diagnose wenig Anlaß zu optimistischen Prognosen gibt und ich mich darauf einstellen muß, daß Jens unter Umständen für immer ein Pflegefall sein wird. Seine Zukunft und Entwicklung ist nicht voraussehbar und programmierbar, jedes Kind hat – und das habe ich selbst sehen und erleben können – seine eigene, ganz individuelle Entwicklung, selbst bei ähnlicher Diagnose. Sicher ist nur die Unsicherheit, und das ist für mich das eigentlich Erschütternde und Bedrohliche. Ich muß mir einfach überlegen, ob ich mir zutraue, diese Herausforderung anzunehmen.

Die Befürchtung, es nicht zu können, wird hier in Bethel mit sehr viel Verständnis aufgenommen. Tagelang bespreche ich mit der Sozialarbeiterin das Für und Wider, ob ich nun Jens mit nach Hause nehme oder nicht. Sie akzeptiert meine Unentschlossenheit, gibt keine Ratschläge, drängt nicht auf eine Entscheidung. Nur hin und wieder, wenn ich Gedanken über den einen oder anderen Weg vor ihr ausbreite und meine Befürchtungen äußere, macht sie ganz konkrete Hilfsangebote.

Noch immer kann ich mich mit meinem Mann nicht verständigen. An all den Wochenenden, die er uns besuchte, gerieten wir wieder in Streit, und ich erlebe ihn nach wie vor nur als Belastung. Jens ist für ihn sein knuddeliges Baby, das er einfach gern hat, er sieht da keine Probleme. Für mich ist das wie eine Ohrfeige, alle Zweifel und Ängste sind nur mein Problem. Ich bin einfach total ausgerastet, mit mir kann man nicht mehr vernünftig reden oder leben. So einfach ist das. Ich fühle mich gründlich mißverstanden und von ihm allein gelassen und denke, dann kann ich besser auch allein und ohne ihn leben.

Ich könnte mit Jens in Bethel bleiben und auch dort arbeiten, auf Jens' Station wird eine Schwester mit pädagogischer Ausbildung gesucht. Eine pädagogische Ausbildung habe ich, und die Schwesternausbildung kann ich nachholen.

Ein verlockendes Angebot. Jens würde auf der Kinderstation bleiben, viele praktische Versorgungsprobleme wie medizinische und therapeutische Betreuung wären gelöst, weil vorhanden. Ich müßte nicht mehr mit ihm zu Ärzten und Krankengymnastin fahren. Unser Lebensunterhalt wäre durch meine Arbeit gesichert, es gäbe also keine finanziellen Probleme, und ich wäre mit Jens allein. Je mehr ich jedoch darüber nachdenke, um so weniger gefällt mir diese Lösung.

Bethel ist eine Insel, eine Insel, die mir gut gefällt. Hier ist alles ein bißchen anders als draußen in der *normalen* Welt. Behindert zu sein, ist hier das Normale, der Alltag. Die Menschen, auch die, die nicht behindert sind, sind freundlicher, offener, es herrscht weniger Konkurrenz. Nicht allein die Leistung zählt, wärmer, menschlicher ist das Leben hier, näher dem Traum, der Sehnsucht von einer besseren Welt. Ich fühle mich wohl hier und gehöre tatsächlich schon dazu. Hierzubleiben, wäre nicht schlecht, aber...

Ich spüre, das ich nur davonlaufen würde. Bethel wäre die phantasierte Riesenmutter, an deren dicken Brüsten ich saugen könnte, in deren Schoß ich mich verkriechen könnte, um für den Rest meines Lebens ein Kind zu bleiben. Aber so will ich es nicht wirklich, ich möchte gern selbständig und erwachsen werden, für mich und mein Kind Verantwortung

übernehmen. Ich möchte auch mit meinem Mann weiterhin zusammenleben, ich liebe ihn einfach. Und ich bin immer davongelaufen, habe miese Erfahrungen verdrängt, eine bessere Welt geträumt, nie dem, was da gerade war, in die Augen geschaut. Erst habe ich es nicht gedurft, später habe ich es nicht mehr gekonnt, und doch haben die Schatten weitergelebt, mein Denken und Handeln bestimmt. Sie sind noch immer oder jetzt wieder da, und ich weiß, daß sie bleiben werden, mich verfolgen werden, so lange, bis ich mich mit ihnen auseinandergesetzt habe.
Mir geht's schlecht, ich habe Angst, weiß nicht so recht, wie ich alles auf die Reihe bekommen soll, aber ich will diesmal nicht davonlaufen.
Ich träume: Ich laufe durch eine häßliche Betonwüste. Beton unter meinen Füßen und riesige Betonhäuser rechts und links. Leer ist es, und die Kälte kriecht aus allen Ritzen, aus den Häusern, aus dem Boden. Fröstelnd laufe ich, jeder Schritt ist mühsam, und dann stehe ich vor einem kleinen, knarrenden Tor aus Holz. Es paßt nicht in die Betonlandschaft, ist aber da, angelehnt, nicht abgeschlossen. Vorsichtig öffne ich das Tor, das den Blick freigibt auf einen wunderschönen, verwilderten Garten mit taufrischem Gras, riesigen Laubbäumen und bunten Blumen. Dann wache ich auf.
Den ganzen folgenden Tag über beschäftige ich mich mit diesem Traum. Seine Bilder sind so klar, so deutlich, ich kann sie jederzeit vor mir entlangziehen lassen wie einen Film.
Ich wage eine Interpretation, genauer: sie drängt sich mir mehr und mehr auf.
Die häßliche Betonwüste, Leere und Kälte, das sind Teile meines Ichs, mein roboterhaftes Funktionieren, meine kalten, abweisenden Reaktionen, wenn mir mein Mann Nähe und Liebe anbietet, die zynischen Antworten auf Fragen nach meinem Befinden, das Empfinden totaler innerer Leere. Da hindurch laufe ich fröstelnd und mühsam, aber ich laufe, laufe einem Garten entgegen, der Wärme, Lebendigkeit, Vielfalt und Wachstum symbolisiert.
Ich laufe, ich lebe, nicht so, wie ich es mir gewünscht habe,

nicht als die strahlende Mutter, die perfekte Frau mit Beruf und Familie, kräftig, mit einem Lächeln auf den Lippen und dem Bewußtsein, die Welt gehört mir, nein, so nicht.
Schwach, zerbrechlich, voller Wut und Zorn und mit von Tränen geröteten Augen, so laufe ich durch die Welt, konfrontiert mit der eigenen Unzulänglichkeit. Aber ich laufe, ich laufe, Jens' Geburt ist nicht das Ende, sie kann auch ein Anfang sein, eine Chance, mich endlich so zu sehen, wie ich wirklich bin.
So habe ich meine Situation bisher nicht betrachtet. Gibt es vielleicht doch eine andere Rolle als die des Opfers?
Dann aber darf ich wirklich nicht davonlaufen – ich werde die Herausforderung annehmen und mit Jens zurück nach Hause fahren, auch wenn es schwer werden wird.
Kurz vor Weihnachten verlassen Jens und ich Bethel. Auf mich wartet das *alte* Leben, mein Mann, mein Beruf und das Großstadtleben. Jens und ich mittendrin, ohne Schonung, ausgeliefert dem *ganz normalen* Alltag.
Werde ich es schaffen?

Mit bangem Herzen zurück an den Arbeitsplatz und in ein neues Leben

Organisatorisch stellt meine Rückkehr ins *normale* Leben keine größeren Probleme dar. Jens' Betreuung während meiner Arbeitszeit ist geregelt, die Arbeitszeit selbst so, daß mir genügend Spielraum bleibt, um weiterhin mit Jens zum Turnen oder anderen Terminen gehen zu können.
Bei aller Belastung habe ich das große Glück, mit Menschen in der Familie, im Freundeskreis und am Arbeitsplatz zu leben, die mich nicht allein lassen oder sich gar abwenden, nein, sie alle bieten mir ihre Hilfe an.
Doch zu diesem Zeitpunkt kann ich oft solche Angebote einfach noch nicht annehmen. Gewohnt, als die starke, helfende Person aufzutreten, scheinbar mit allen Problemen fertigzuwerden, kann ich den plötzlichen und erzwungenen Rollenwechsel nur schwer akzeptieren. Ich soll nun diejenige sein, auf die man Rücksicht nimmt, der man hilft, die mit sich und ihrem Privatleben nicht zurechtkommt. Aus der Distanz, aus der Theorie läßt sich leicht sagen, daß es kein Makel ist, Hilfe zu beanspruchen. Aus der Perspektive der Betroffenen, zu denen ich nun gehöre, sieht das alles ein bißchen anders aus. Ich erlebe mich als schwach und empfinde dies als Makel, auch wenn das objektiv nicht stimmen mag. Und so wirken alle Hilfsangebote nicht entlastend oder als Zeichen echter Anteilnahme, sondern machen mich wütend und ablehnend gegenüber denen, die stärker sind als ich.
Wieder einmal entdecke ich Reaktionen an mir, über die ich mich erhaben glaubte, muß ich meiner Unzulänglichkeit ins Gesicht blicken. Von allem schmerzt das am meisten, der ständige Verlust meines Selbstbildes, die immer wiederkehrende Erfahrung, nicht die zu sein, für die ich mich gehalten habe.

Neben der erwachsenen, berufstätigen Ehefrau und Mutter hockt das kleine Mädchen, lacht biestig, rächt sich für die vergangenen Wunden und Verluste mit der hämischen Frage: Na, wie ist's um deine Stärke bestellt, bist nicht so toll, nett und großzügig, was?
Dieses kleine Biest steht mir mehr als alle realen Unannehmlichkeiten im Wege. Ich schiebe es erst mal beiseite. Schluß mit der Nabelschau, es gilt die gegenwärtigen Probleme in Angriff zu nehmen. Und da wäre zunächst meine Arbeit.
Ich habe Angst vor meinem ersten Arbeitstag. Wie und was für einen neuen Anfang kann ich nach so langer Pause finden. Wer von der alten Jugendgruppe wird kommen, und welche Fragen werden die Jugendlichen stellen?
Sie haben die Zeit meiner Schwangerschaft miterlebt, das Wachsen meines Bauches, sie haben Jens' erste Bewegungen gefühlt. Das erste *Photo*, eine Ultraschallaufnahme, ging von Hand zu Hand. Es war eine schöne Zeit gegenseitigen Kennenlernens und Anteilnehmens. Am letzten Arbeitstag haben wir gefeiert, die Jugendlichen haben mir Babysachen, zum Teil selbstgemacht, geschenkt und mir alles Gute gewünscht, ebenso neugierig wie ich, welch neuer Mensch das wohl werden wird, ob Junge oder Mädchen, wie er oder sie wohl aussehen wird.
Fröhlich, mit einer versteckten Träne des Glücks, habe ich die Gruppe vor Monaten verlassen mit dem Gedanken, nach einem halben Jahr freudestrahlend mit meinem Baby zurückzukommen.
Und nun, nun komme ich traurig zurück, voller Enttäuschung, meinen Sohn lieber verstecken wollend. Ich werde ihnen ein behindertes Kind zeigen müssen, ohne Antwort darauf, warum es so ist und warum es gerade mich getroffen hat.
Der Bruch scheint mir so total, ich weiß nicht, ob die alte Vertrautheit wiederherstellbar ist, oder was an ihre Stelle treten könnte. Nichts wird wieder so sein, weder privat noch beruflich – ich habe Angst.

Trotzdem, ich fange an. Die ersten Nachmittage sind schüchterne Annäherungen, beide Seiten, auch die Jugendlichen, sind befangen und ernst. Allmählich aber kommen die Fragen, und ich kann antworten, erzählen von der Geburt, den folgenden Wochen, auch von meiner Trauer und wie schwer es mir fällt, mit Jens zu leben. Ich nehme ihn mit in die Gruppe, er wird bewundert. Gemeinsam staunen wir, daß Jens einmal in meinen Bauch gepaßt hat, jetzt, wo ich wieder so dünn bin, ist es wirklich kaum vorstellbar. Zusehen, wie Jens gewickelt wird, ist ein Ereignis, auch wie man ihn füttert, und man kann ihn richtig anfassen und herumtragen. Babyspielzeug ist auch eine feine Sache, bald fliegen Jens' Ball und Bärchen durch den Raum, und einige kaufen sich im nahegelegenen Supermarkt Babynahrung. Von außen mag das völlig verrückt erscheinen. Fünfzehn *Babys* tollen herum, ich aber spüre, was Jens trotz aller Behinderung sein kann – die Erinnerung an die eigenen Bedürfnisse, an Bemuttert- und Versorgtsein.
Irgendwie ist das Eis gebrochen, in meiner Arbeitswelt hat Jens einen Platz gefunden. Er wirkt wie ein Katalysator, in die Fragen um sein Befinden, seine Entwicklung fließt auch immer etwas von dem Fragenden selbst, von seinen Ängsten, Verwundungen und Sehnsüchten, und vielleicht findet so mancher von den Jugendlichen eine indirekte Antwort.
Ich erfahre viel öfter etwas von den ganz persönlichen Problemen der Jugendlichen, und ich teile auch wesentlich mehr als früher von meinem Befinden mit.
Ich spüre, wie ich immer weniger professionell arbeite, ich fange an, für ein paar Stunden mein Leben mit dem der Jugendlichen zu teilen, ich fühle mich nicht mehr als Lehrer oder Therapeut, verstecke mich immer weniger hinter einer Rolle, ich fange an, mich wirklich und echt mit anderen Menschen auseinanderzusetzen, verschweige nicht meinen Ärger und schreie auch mal fürchterlich rum.
Ja, Jens hat wirklich viel verändert, nichts ist wie vorher, aber es ist deshalb nicht schlechter. Ich mache ganz neue Erfahrungen, vor allem aber die, daß ich auch mit meinen

Unzulänglichkeiten akzeptiert bin, ich habe mein Gesicht nicht verloren, ganz im Gegenteil, ich bekomme überhaupt erst eines.
Am Arbeitsplatz wage ich die ersten Schritte zurück ins Leben, spiele Tischtennis oder Karten, lache, schlichte einen Streit, diskutiere mit den Jugendlichen über Gott und die Welt, feiere mit ihnen Partys. Für Stunden abgelenkt von meinen Problemen, meinem Kummer, bin ich wieder die, die ich einmal war. Aber es bleibt noch lange eine Insel für mich. Zurückgekehrt in meine eigenen vier Wände, umklammern mich wieder Trauer, Verzweiflung und Hoffnungslosigkeit.
Noch immer kann ich mich mit meinem Mann nicht verständigen, bleibe ich die gefühllose, fade graue Maus, die vor jeder Zärtlichkeit zurückschreckt. Die Wärme seines Körpers, sein zärtlicher Blick, seine Hände auf meinem Körper, wie gern würde ich es genießen, aber...
Ich weiß, daß mein Mann mich nicht nur streicheln möchte, daß es ihm nicht genügt, an mich gekuschelt einfach dazuliegen – er möchte endlich wieder einmal mit mir schlafen.
Wie soll ich ihm mitteilen, was mir dann passiert, welche Worte kann ich finden? Im Fallenlassen, Nachgeben, nur noch Gefühl sein, trifft es mich wie der Blitz, sehe ich vor mir das Schlachtfeld nach Jens' Geburt, sehe ich ihn wie tot in meinem Arm liegen, welch verheerende Konsequenz aus wenigen Minuten uneingeschränkter Lust.
Aus, ich möchte nur noch raus aus der Umarmung, verkrampfe mich, spüre auch nicht mehr den kleinsten Funken Lust.
Das ist sie, die Strafe für mein jahrelanges *unmoralisches* Leben. Ich habe es als Frau gewagt, einfach Spaß an der Sexualität zu haben, habe die Pille genommen, um eine Schwangerschaft zu verhüten. Oh, man bricht nicht ungestraft die Gesetze der Tradition und der Erziehung. Jetzt, liebes Kind, bekommst du die Quittung serviert. Alle jemals erhobenen Zeigefinger triumphieren, ich halte das nicht mehr aus, ich muß zurück zu meiner Kälte und Verschlos-

senheit, sonst werde ich verrückt, drehe ich einfach durch. Ich kann mir Gefühle der Zärtlichkeit, der Lust nicht leisten, noch nicht, aber wie soll ich das meinem Mann begreiflich machen?
Statt zu reden bleibe ich stumm und vergrößere durch mein beharrliches Schweigen und meine Unnahbarkeit den Graben zwischen uns, sehe zu, wie unsere Ehe von Tag zu Tag weiter stirbt, wir nur noch eine Wohngemeinschaft bilden, die sich abwechselt in der Versorgung von Jens und den täglichen Pflichten im Haushalt.
Aber selbst das ist noch schwer genug und voller Probleme. Das meiste an Arbeit bleibt mir, mein Mann muß ständig Klausuren schreiben, dafür auch zu Hause stundenlang lernen und ist wenig begeistert, wenn er sich um seinen Sohn kümmern muß. Seine Familie, diese trostlose Einrichtung, beginnt, ihn nur noch zu nerven, und sooft es geht, entzieht er sich der Tatsache, nun nicht mehr nur noch Student zu sein.
Anfangs versuche ich noch, darauf einzugehen, auch weil ich ein schlechtes Gewissen ihm gegenüber habe, ich bin ja tatsächlich alles andere als eine angenehme Ehefrau. Irgendwann aber halte ich es nicht mehr durch. Mich stört Jens' Geschrei ebenso, und ich kann ihn oft nicht beruhigen, kann auch nicht stundenlang mit ihm nach draußen verschwinden, und ganz nebenbei arbeite ich ja auch noch, habe noch viel weniger Zeit für mich.
So geht es auch nicht. All meinen Mut zusammennehmend, schlage ich vor, daß mein Mann sich ein Zimmer nimmt, in dem er wochentags in Ruhe studieren kann und wir nur noch die Wochenenden gemeinsam verbringen. Ich verbinde damit die Hoffnung, daß sich ein Teil der Verstrickungen lösen könnte, wenn jeder von uns zu etwas mehr Ruhe kommt. Die Antwort ist Wut – du liebst mich nicht mehr, schickst mich einfach weg, muß ich dich daran erinnern, daß wir verheiratet sind, daß du Pflichten mir gegenüber hast?
Mir bleibt jedes weitere Wort im Halse stecken. Ich suche nach einer ganz praktischen Lösung, einer zeitlich begrenz-

ten und vorübergehenden Trennung, die mir die Möglichkeit gibt, in den Abendstunden allein sein zu können, meinem Mann die erforderliche Ruhe zum Studium, die den Weg frei machen könnte für mehr gegenseitiges Verständnis, wenn wir uns nicht tagtäglich den ganzen Ärger um die Ohren hauen. Aber es ist unmöglich.
Unsere Beziehung ist schon so kaputt, daß ich mit diesem Vorschlag alles aufs Spiel setze und riskiere, tatsächlich in Zukunft mit meinem Kind allein zu leben.
Mein Mann nimmt sich ein Zimmer, geht doch noch auf meinen Vorschlag ein, aber mit so viel Wut und Bitternis, daß ich es schon bereue, diesen Vorschlag überhaupt gemacht zu haben.
Doch ich will nichts bereuen, trotz aller Probleme halte ich diesen Vorschlag für vernünftig. Außerdem habe ich eigentlich keine andere Wahl. Ich bin zu erschöpft, ich kann nicht mehr um unsere Ehe kämpfen und nicht von heute auf morgen aufhören, die graue Maus zu sein, ohne dabei wieder vieles von mir wegzustecken, mich und meine Gefühle wieder nicht ernst zu nehmen. Nein, es bleibt dabei, entweder gelingt es meinem Mann, auch mit einer grauen Maus und vorübergehend auf Distanz mit ihr zu leben oder... daran denke ich lieber nicht, ich möchte ihn nicht verlieren, ganz bestimmt nicht.

Die erste Woche allein, ich empfinde Erleichterung, konzentriere mich ganz auf Jens und auf meine Arbeit.
Dreimal in der Woche fahre ich mit Jens zum Turnen. Um ihn endlich aus seiner Verkrampfung zu reißen, ihn etwas beweglicher zu machen, turnt die Krankengymnastin mit ihm nach Vojta, d. h. Jens wird in bestimmte Stellungen gebracht, die ihm nur noch eine Bewegungsmöglichkeit lassen, die erwünschte, richtige, z. B. Strampeln. Ihm wird die Möglichkeit genommen, seine spastischen, fehlerhaften Bewegungen auszuführen. Dieses Eingeklemmtsein, nicht mehr dem eigenen Impuls folgen können, verärgert Jens, er schreit und tobt bei den Übungen. Doch das ist normal bei

dieser Gymnastik, und sie ist in bezug auf Jens erfolgversprechender. Tatsächlich bewegt er sich jetzt, während ich früher nur den Eindruck hatte, daß er sich bewegen ließ.
Aber was für ein Aufwand. Wenn das ganze einen Sinn haben soll, dann ist es erforderlich, daß Jens nicht nur bei der Krankengymnastin turnt, sondern auch täglich, und das am besten dreimal, mit mir.
Neben Berufstätigkeit und dem sonstigen Alltagskram sowie weiteren Terminen bei Ärzten ein ganz schöner Streß. Es ist gar nicht einfach, Jens immer in die entsprechende Haltung zu bekommen, er ist ungemein kräftig und wehrt sich wie ein kleiner Teufel gegen den Druck, daß ich manchmal befürchte, er springt mir vom Tisch. Völlig erschöpft bin ich hinterher, ganz zu schweigen davon, daß mich Jens' Schreien dabei nervt, ich immer den Eindruck habe, ihm weh zu tun. Verbissen ziehe ich dies tägliche Programm durch. Ich möchte so gern, daß Jens sich etwas besser bewegen kann, habe die Hoffnung noch nicht aufgegeben, daß er vielleicht doch noch sitzen und krabbeln lernen kann, wenn auch erst viel später als ein nichtbehindertes Kind. Es gibt so viele Erfolgsmeldungen von Kindern, die mit Hilfe dieser Gymnastik weitergekommen sind.
Die Krankengymnastik, ein Strohhalm für mich, an den ich mich klammere, für den ich mich total in eine Therapeutin verwandle, alle mütterlichen Regungen wie Mitleid oder den Wunsch, mein Kind viel lieber streicheln zu wollen, in die hinterste Ecke meines Ichs verbanne.
Die Verwandlung in eine Therapeutin, ich habe sie nicht bewußt wahrgenommen, sie vollzog sich schleichend von Tag zu Tag zu immer größerer Perfektion. Und wochenlang lebe ich damit recht gut. Auch wenn Jens noch so viel schreit beim Turnen, er macht kleine Fortschritte. Ab und zu versucht er zu strampeln, nach dem Turnen liegt er entspannt auf dem Wickeltisch, Arme und Beine wesentlich lockerer als vorher, auch sein Gesicht wirkt entspannter, friedlicher, freundlicher. Ich schöpfe Hoffnung, vielleicht lernt er nun doch noch einiges. Schon entwerfe ich wieder seine Zu-

kunft, sehe ihn vor mir sitzen, nach einem Spielzeug greifen. Mit dieser Vision im Kopf nehme ich all die Belastung in Kauf.
Ganz nebenbei gewinne ich auch nach außen so eine Art Sicherheit. Ich werde oft von der Krankengymnastin gelobt für meine Ausdauer, meinen Einsatz, nicht nur von ihr, auch von anderen Menschen, die immer wieder zum Ausdruck bringen, sie könnten das nicht. Mit so viel Anerkennung bedacht, kann ich mich doch noch als die tolle Mutter fühlen. Bereitwillig erzähle und erkläre ich die Turnübungen, manchmal sogar zeige ich eine Übung. Jens und ich, wir können damit beeindrucken, auf eine völlig andere Art und Weise als ich mir das immer vorgestellt habe, aber wir können es.
Keiner merkt, daß ich eine perfekte Fassade aufgebaut habe, hinter der es bröckelt und staubt, hinter der die Tränen kullern, weiterhin Wut und Verzweiflung leben.
Jens wehrt sich immer öfter und mit immer größerem Erfolg gegen diese Art der Beziehung. Schon wenn ich ihn zu seinem Wickeltisch trage und anfange ihn auszuziehen, fängt er an zu weinen. Allmählich gelingt es ihm auch, trotz verstärktem Drucks meinerseits, steif zu bleiben, sich nicht zu bewegen. Die Fahrten zur Krankengymnastin werden zum Alptraum. Schon an der Haustür verzieht Jens die Mundwinkel, und wenn er seine Krankengymnastin nur sieht, beginnt ein wütendes Geschrei. Von Mal zu Mal wird es unmöglicher, auch für die Krankengymnastin, mit Jens zu turnen.
Ich beginne, am Sinn dieser ganzen Unternehmung zu zweifeln, und all die unterdrückten Fragen und Gefühle werden mobilisiert angesichts Jens' Widerstand, seinen Tränen und der nun wieder einsetzenden Erfolglosigkeit.
Was mache ich da eigentlich täglich mit meinem Kind? Schmerzt Jens das Turnen, sollte ich ihn nicht doch lieber einfach in den Arm nehmen, ihn streicheln, schon ist es soweit, daß ich ihn nicht mehr anfassen darf. Oft habe ich das Gefühl, daß Jens mich haßt, so wie ich ihn hasse, wenn er

ständig nur schreit. Was ist das für ein Leben, was für eine Beziehung zwischen Mutter und Kind.

Beim nächsten Gymnastiktermin schaffe ich es dann endlich mal, zu fragen, ob die Übungen tatsächlich so sinnvoll und schmerzlos sind. Um mir einen Eindruck vermitteln zu können, zeigt mir die Krankengymnastin eine der Übungen an mir selbst. Ich muß mich auf den Boden legen, die Gymnastin löst den Reflex des Strampelns aus. Tatsächlich empfinde ich keinen Schmerz, nichts tut weh, aber es ist die absurdeste Situation, die man sich vorstellen kann. Ich liege auf dem Boden, die Beine beginnen zu strampeln, was ich überhaupt nicht möchte. Ständig versuche ich, meine Beine wieder hinzulegen, es geht nicht. Abwehr und Wut steigen in mir auf, ich will mich doch gar nicht so bewegen, was soll das. In diesem Augenblick begreife ich Jens' Reaktionen, sein Geschrei. Was da passiert, das ist... das ist eine Vergewaltigung, wirklich, anders kann ich das für mich nicht ausdrücken. Zum Objekt geworden, strample ich am Boden mit meinen Beinen gegen meinen Willen und kann nichts dagegen tun, solange die Krankengymnastin Druck auf mich ausübt.

Das Ganze dauert noch nicht einmal eine Minute, aber es kommt mir vor, als würden sich mein ganzes Leben, all meine Erfahrungen in dieser Minute zu einem Erlebnis verdichten – Objekt, Druck und Mißachtung der eigenen Person, und das für ein einziges Ziel: ein funktionierendes Teilchen innerhalb einer genormten Welt zu werden.

Bis zu diesem Augenblick habe ich Jens immer für hoffnungslos blöd gehalten, seinen Widerstand und sein Weinen nicht verstehen können, allenfalls als eine Möglichkeit, um mich und andere Menschen zu ärgern und zur Verzweiflung zu bringen. Aber ist das wirklich so? Hat er nicht viel mehr begriffen als ich? Er hat sich mit den Mitteln, die ihm zur Verfügung stehen, gewehrt, immer wieder, er hat nicht aufgegeben, hat mich immer wieder verunsichert und endlich, endlich erzwungen, daß ich mich auf Gefühle und Empfindungen einlasse. Er hat keinen Kopf, keinen Verstand, den man übertölpeln kann mit Erklärungen, er ist noch nicht ein funktionierendes Teilchen, das nicht mehr spürt, was ihm täglich angetan wird, noch ist er er selbst, auch wenn er so gar nicht in das *Normale* passen will und kann. Im Augenblick ist er der Stärkere von uns beiden, und ich bin auf dem besten Wege, in Gesellschaft von Therapeuten, Ärzten und Erziehern, ihn neben seiner Behinderung auch noch seelisch kaputtzumachen.

Keiner macht das mit Absicht, auch ich nicht, und doch geschieht es, weil alle sich daran gewöhnt haben, funktionierende Teilchen zu produzieren.

Da steht sie wieder einen Spalt offen, die Tür in mein Gefühlsleben. Objekt zu sein, mit Druck angepaßt zu werden, eigene Empfindungen und Gedanken ausgeredet zu bekommen, wie oft habe ich das erlebt als diffusen Zorn, als Ohnmacht und Hilflosigkeit. Widerstand – er war wohl vorhanden, fand aber keinen Anwalt, keine Unterstützung, also habe ich gelernt zu funktionieren und dabei langsam zu sterben, kein hemmungsloses Tränenmeer, auch keine überschäumende Freude, ruhiges analytisches Denken und Handeln, vernünftige Mittelmäßigkeit, nach außen normal und unauffällig, aber drinnen, da kocht und brodelt es wieder, da steht die Welt kopf.

Und Jens, der im Augenblick ganz Gefühl, Empfindung ist, mehr als jedes andere Kind mir und allen anderen Menschen ausgeliefert, läuft immer mehr Gefahr, zum Objekt, zur Zielscheibe aller unerwünschten Gefühle und Gedanken zu werden.

O ja, Jens bringt alle schnell an die Grenze der eigenen Macht. Er schreit, krampft, bewegt sich nicht, reagiert weder auf Medikamente noch auf Therapie, also noch ein Medikament gegen das Schreien, und eins gegen die Blähungen.

Und noch eine Turnübung und noch mehr Druck. Es kann doch nicht angehen, daß dieses Kind sich nicht entwickelt, daß seine Macken nicht unter Kontrolle zu bringen sind.

Und ich, ich schleppe mein Kind immer noch widerwillig mit

mir rum, wütend darauf, daß es mir in seinem Geschädigtsein, seiner Starre jeden Tag neu meine eigene Starre und Leblosigkeit vor Augen führt.
Aber was kann Jens dafür? Er wollte nicht leben, wäre mit Sicherheit wenige Stunden nach seiner Geburt gestorben.
Jetzt sitzt er zusammen mit mir in einer Zwickmühle, wird medizinisch versorgt, therapeutisch behandelt, verwaltet als Fall, als Patient, und es geht immer nur darum, etwas an ihm unter Kontrolle zu bringen oder wegzutherapieren. Es geht bei alledem nicht um Jens, sondern immer um den, der er einmal sein soll. Sein augenblickliches Leben, seine vorhandenen Ausdrucksmöglichkeiten werden ignoriert, er wird beständig kontrolliert und korrigiert.
Was um alles in der Welt bleibt da übrig als Wut und totale Verweigerung, als Ohnmacht und Hilflosigkeit.
Jens, zum erstenmal verstehe ich dein Schreien, schrei weiter, schrei für mich mit, denn ich bin genauso wütend und hilflos wie du. Nur, ich bin schon die, die ich einmal werden sollte, ich habe schon aufgehört zu schreien.

Vorsichtige Schritte in eine bessere Zukunft

Nach diesem Erlebnis kann ich nicht mehr mit Jens turnen, es geht einfach nicht mehr. Jedesmal, wenn ich doch noch einen Versuch starte, noch immer wünschend, Jens würde beweglicher, spüre ich den Druck in mir selbst, spüre ich, wie es uns beiden keine Hilfe sein kann, sondern uns immer mehr voneinander trennt, uns in einen unerbittlichen Kampf verstrickt, aus dem wir beide am Ende als Verlierer hervorgehen werden.
Es hat keinen Sinn mehr. Geplagt von Schuldgefühlen, gebe ich die Turnerei auf. Mit der Krankengymnastin vereinbare ich eine Pause auf unbestimmte Zeit, in der ich nur noch zur Kontrolle mit Jens in ihre Praxis komme, um sicher zu sein, daß sich Jens' Bewegungsstörung nicht verschlechtert.
Viel später erst kann ich begreifen, daß ich damit den ersten Schritt wagte in Jens' und meine Zukunft, mich und ihn aus der Rolle der Opfer befreite, uns nicht mehr nur als Teil eines funktionierenden Ganzen betrachtete. Zusammen mit Jens steige ich aus aus dem Prinzip Leistung und Anpassung um jeden Preis.
Vorerst aber entsteht meine Entscheidung einfach aus dem Nicht-mehr-Können, und ich spüre noch keine Befreiung, ganz im Gegenteil, ich empfinde es als Versagen, nicht konsequent genug zu sein. Und im Nacken sitzt die Angst, eines Tages mir sagen lassen zu müssen, nicht genug für mein Kind getan zu haben.
Eine gute Mutter eines behinderten Kindes ist die, die alle verfügbaren medizinischen und therapeutischen Angebote, die es nur gibt, annimmt, die immer bereit zu Unterstützung ist, damit das Kind so früh wie möglich in seiner Entwicklung gefördert werden kann – so erlebe ich alle Ratschläge und Angebote, so erlebe ich auch andere Mütter, die ich

kennenlerne, die ständig mit ihrem Kind unterwegs sind, zum Arzt, zum Turnen, zu Musiktherapien und was es sonst noch so gibt.
Und ich, ich wage es, auszusteigen aus diesem Muster. Aber es macht mich kaputt, ich werde dabei immer gefühlloser, immer roboterhafter, von Mütterlichkeit gegenüber Jens keine Spur mehr. Ganz zu schweigen von den Problemen mit meinem Mann. Er hat ja recht, wenn er sich über mich beschwert, ich bin eine trostlose Figur, der Blick morgens in den Spiegel reicht mir für den ganzen Tag, ich kann mich selbst nicht mehr leiden. Diese traurigen, glanzlosen Augen, der zusammengekniffene Mund, einfach ekelhaft. Wie hat es dazu kommen können, ich will da raus, möchte eine andere Frau werden, aber wie?
Ungewollt bin ich wieder bei mir angekommen, bei meinen Defekten, meinen Behinderungen, und wieder einmal vermischen sich vergangene Erfahrungen mit der Gegenwart und mit Gedanken über die Zukunft. Noch immer ein scheinbar unentwirrbares Knäuel von Fäden, an denen ich hänge, in die ich verstrickt bin. Mutlos sitze ich vor der alten Frage, warum es ausgerechnet mich so hart treffen muß, welchen Sinn Jens' und mein Leben hat, und ob es mir jemals gelingen wird, damit fertigzuwerden.
Doch ich bin auf dem Weg, auch solche Gedanken tauchen auf. Ich spüre die Rebellion in mir, den Willen, nicht aufzugeben, nicht als die graue Maus in irgendeinem Loch zu verschwinden, ich möchte leben, ganz einfach. Ich möchte auch, daß Jens lebt, daß er teilnehmen kann, an dem, was um ihn herum passiert, wenn auch mit Einschränkungen. Und ich möchte, daß wir eine Familie bleiben. Was mich traurig, was mich mutlos macht, ist die Tatsache, daß ich noch nicht weiß wie.
Meine bisherige Überlebensstrategie, unerwünschte Gedanken und Gefühle auszuklammern, mit zusammengebissenen Zähnen zu funktionieren, hilft mir dabei nicht mehr. Ich habe nicht mehr die Kraft dazu, neben all dem täglichen Streß auch noch die Energie zur Verdrängung alles Miesen

aufzubringen. Trotzdem lachen, gelingt mir nicht mehr, ich kann mich nicht mehr hinter einer heiteren Fassade verstekken. Auch lassen sich die Spuren der Angst und Trauer in meinem Gesicht nicht durch ein Make-up übertünchen. Nein, das alles funktioniert nicht mehr.

Wieder erscheint vor mir das riesige schwarze Loch, diese gähnende, angstmachende Leere. Wer bin ich, warum gelingt es mir nicht, mein Schicksal, Jens zu akzeptieren. Hunderten von anderen Müttern geht es doch ebenso. Auch sie haben ein behindertes Kind geboren und müssen damit leben. Und es gibt die vielen anderen Menschen, die sich um behinderte Kinder und Erwachsene kümmern, ihr Leben mit ihnen teilen. Warum fällt es mir so schwer?

Ich muß einfach eine Antwort finden, ich kann mich nicht mehr um die Frage drücken, sie wegschieben oder mir vornehmen, ab morgen einfach anders zu sein. Es geht dabei gar nicht so sehr um mein Kind und um seine Behinderung, rein theoretisch könnten sich andere um Jens kümmern, vielleicht sogar viel besser, als ich es zur Zeit kann, nein es geht um *mein* Überleben.

Was aber heißt überleben für mich? Wenn ich meinen Gedanken freien Lauf lasse, meine Gefühle und Wünsche ernst nehme, nicht wegschiebe, komme ich immer wieder darauf, daß ich selbst oft wie ein Kind reagiere und mich auch so verhalte, daß ich nur äußerlich erwachsen, in meinem Innern aber ein Kind geblieben bin.

Tief, tief innen drin bin ich wie Jens, gierig nach Wärme und Geborgenheit, abhängig vom Wohlwollen der Menschen, mit denen ich meinen Alltag verbringe, zornig, wenn ich etwas tun soll, das ich nicht möchte, teilnahmslos und starr, weil das Leben kein Paradies ist, der warme, alles umhüllende Mutterbauch für immer verlassen ist, ohne je dahin zurückkehren zu können.

Überleben heißt vielleicht ganz einfach, ein Leben lang Abschied zu nehmen von dem dicken Bauch, nur scheint das oft und zumindest in meinem Fall gründlich zu mißlingen. Der Abschied wird erzwungen mit dem richtigen Druck an der richtigen Stelle, die verbleibende Sehnsucht geknebelt, Wut und Ärger über die Frustration werden per Zeigefinger ins Exil geschickt, aus Verlust geborene Tränen mit dem Hinweis, alles sei halb so schlimm, weggewischt, und Trotz und Selbstbehauptung werden mit Prügel oder Liebesentzug bestraft. Nichts darf so sein, wie es ist, denn das Leben ist ja eigentlich schön, es gibt immer einen Weg, über so manches kommt man hinweg, natürlich, die Frage ist nur – wie?

Manchmal so wie ich, indem ich ein Kind blieb, das zu funktionieren lernte, das, inzwischen erwachsen und selbst Mutter, eingeholt und überflutet wird von all den ungeweinten Tränen, seinem Haß, seiner Verzweiflung, in dem solche Sehnsucht nach Wärme, nach Geborgenheit, nach Liebe und Anerkennung lebt, daß ihm angst und bange wird, das sich fühlt wie ein Faß ohne Boden, seit es keine Kraft mehr hat, all die Gefühle in Schach zu halten.

Eines Abends überlasse ich mich all diesen Empfindungen, leiste ich keinen Widerstand mehr. Jens liegt längst im Bett und schläft, mein Mann ist nicht daheim. Ich fühle mich allein, die Stille bedrückt, also schalte ich den Fernseher ein. Zufällig werden Bilder aus Afrika, Bilder des Hungers und des Elends gezeigt, Bilder, die ich nicht zum erstenmal sehe, die mich schon berührt haben, die ich aber schnell vergaß. Ich spüre Tränen in mir aufsteigen und versuche, sie abzuwürgen, so wie ich das oft tue. Im gleichen Augenblick merke ich, was da geschieht, wie ich wieder dabei bin, mich zu kontrollieren und... die Tränen dürfen fließen. Ich sehe nicht mehr, was auf dem Bildschirm gezeigt wird, kann nur noch weinen, glaube, überhaupt nicht mehr aufhören zu können. Aber ich höre auf, ganz von alleine, einfach so. Und im Aufhören entdecke ich, daß meine Tränen nicht dem Elend in Afrika gelten, nein, ich weine sie um meiner selbst willen. Die Bilder im Fernsehen symbolisieren meinen Hunger, mein Elend, das ein anderes ist. Mein Mangel ist nicht so offensichtlich, ich habe genug zu essen, viel zuviel sogar, ich habe eine Wohnung, genügend anzuziehen, meine Existenz ist nicht gefährdet oder bedroht durch Hunger oder Krieg. Ich weiß, daß ich am nächsten Tag wieder satt werde. Mein Hunger ist der Hunger nach seelischer Entwicklungshilfe, ich suche eine Hand, die mich führt, die mir sagt, was ich zu tun und zu lassen habe, ich fühle mich so elend, so hoffnungslos allein gelassen.

Wieder den Tränen nahe, entdecke ich meine Einsamkeit. Es gibt sie nicht, die führende Hand, der ich mein Leben überlassen kann, und im Grunde will ich sie auch nicht. Ich habe ganz einfach Angst, meine Augen zu öffnen, mir die Schattenseiten meines Lebens anzuschauen. Ich ahne, was dann passiert. Ich werde meinen Panzer verlieren, endgültig, ich werde wieder fühlen müssen, und ich befürchte, mich dabei zu verlieren, außer Kontrolle zu geraten.

Während mir das so durch den Kopf schießt, passiert nichts dergleichen. Mit tränenverschmierten Augen sitze ich in der Couchecke, die Beine angezogen, meine Hände umklammern die Knie. Ich halte mich selbst fest, ich bin ja vorhanden, in all dem Durcheinander von Gedanken und Gefühlen sitze ich noch immer da. Ich fühle mich noch immer elend, spüre die Einsamkeit bis in den kleinen Zeh, doch es ist nicht mehr so deprimierend, so erschreckend, ganz im Gegenteil – und sollte alles um mich herum kaputtgehen, ich habe mich.

Es ist die irrste Entdeckung, die ich mache – einfach vorhanden zu sein, zu leben, wie auch immer.

Trauer und Schmerz lösen sich auf, ganz von allein, nicht meinerseits willentlich herbeigeführt. So einfach ist das, ich brauche mich nur meinen Gefühlen zu überlassen, und sie verlieren von ganz allein ihre Dramatik, ihre befürchtete vernichtende Dimension, ich werde nicht verrückt.

Jens reißt mich aus meinem Alleinsein. Aufgewacht, schreit er, macht mir bewußt, daß ich nicht allein in dieser Wohnung bin. Lange trage ich ihn an diesem Abend durch die Räume, es dauert noch immer lange, bis Jens sich beruhigen kann und aufhört zu schreien. Diesmal quält mich sein Schreien

weniger, kann ich seine Panik spüren, wahrnehmen, daß er mehr als alles andere meine Wärme, den unmittelbaren Kontakt zu mir braucht.
Vor mir taucht das Bild der Afrikanerin auf, die ihrem Baby ihre leere, faltige Brust hinhält, damit es wenigstens an den Brüsten nuckeln kann.
Im übertragenen Sinn fühle ich mich wie sie, biete Jens mein leeres, faltiges Inneres an, wissend, daß es nicht reicht, um seinen Hunger zu stillen.
Bei aller Trauer und Hilflosigkeit, die sich in dem Bild ausdrücken, die aus den Augen der Afrikanerin sprechen und die in mir leben, wenn auch aus anderen, weniger direkten und lebensbedrohenden Gründen, steckt in ihm ein Hinweis.
Vorgezeigt, ohne Beschönigung, ohne Kommentar läßt es sich nicht ignorieren und schreit nach Veränderung.
Jens ist eingeschlafen, behutsam lege ich ihn zurück in sein Bett, streichle ihm sanft über den Kopf und denke: Vor uns liegt ein weiter Weg.

Bisher, das fällt mir erst jetzt auf, habe ich mich ganz schön hin und her schubsen lassen, von dem, was der Alltag so von mir fordert, von meinen Gefühlen, im Grunde habe ich meist reagiert und ständig vermieden, echte Entscheidungen, die ich vertreten kann, für die ich dann aber auch die Verantwortung übernehmen muß, zu treffen.
Wie wenig erwachsen ich doch bin, damit meine ich, daß ich scheinbar so gar keine eigene Mitte habe, kein Selbstvertrauen, daß ich meinen Gedanken und Gefühlen immer wieder mißtraue, wenn ich spüre, daß sie mit denen anderer Menschen nicht übereinstimmen. Beständig habe ich Angst, etwas falsch zu machen, den Erwartungen, die an mich gestellt werden, nicht gerecht zu werden.
Aber was heißt denn richtig oder falsch, und welche Erwartungen werden denn an mich gestellt, und was fordere ich von mir selbst. Jede Menge Fragen, auf die ich versuche, eine Antwort zu finden. Ich bin wild entschlossen, aus dem

alten Fahrwasser rauszukommen, mehr Verantwortung für mich und für Jens zu übernehmen, nicht mehr alles mit dem Kopf, sondern auch mit dem Gefühl zu entscheiden, will selbstbewußter auftreten, mich nicht mehr schubsen lassen, überhaupt, ich will jetzt alles anders machen – Veränderung ist angesagt.
Optimistisch klettere ich morgens aus dem Bett, begrüße Jens, will ihm heute eine ganz tolle Mutter sein, mit viel Wärme, Schmusen, Herumtragen und viel Zeit nur für ihn. Und was macht der kleine Kerl, er liegt im Bett und krampft, schnappt nach Luft und sieht aus, als wolle er jeden Moment sterben.
O Gott, hört das denn nie auf. Endlich fühle ich mich etwas besser und dann so was...
Trotz der Medikamente krampft Jens wieder, heftiger als vorher, ich weiß nicht, was ich tun soll. Stumm nehme ich ihn auf den Arm, ich kann ihm nur meine Nähe geben. Seine Augen flattern, der Mund zittert, sein Hemdchen ist triefig naß besabbelt, und er sieht so traurig aus, er leidet und wimmert, vielleicht hat er Schmerzen, wer weiß? Ich bin allein mit ihm, was soll ich tun. Den Arzt anrufen, mit ihm in die Klinik fahren, dann fängt alles von vorne an. Neue Medikamente, höhere Dosis, Jens wird dableiben müssen, wir werden wieder getrennt. Tue ich es nicht, dann riskiere ich, daß mein Kind stirbt, die Angst sitzt mir im Nacken. Eben noch voller Schwung, voller Wärme für Jens, rutsche ich wieder ab in Angst und Verzweiflung, rase blitzschnell erneut dem Abgrund entgegen.
Jede Minute, die verstreicht, rückt Jens und mich in die Nähe des Todes. Wenn er jetzt stirbt... meine Knie zittern, die Hände werden eiskalt. Was mag in Jens vorgehen? Seine großen, traurigen Augen, weit aufgerissen, ab und zu wimmert er, krümmt sich sein kleiner Körper. Dazu meine Tränen, meine Angst – ich werde das nie vergessen. Nichts zählt mehr von alledem, was ich bis zu diesem Augenblick gedacht habe, was mir wichtig und unbedingt notwendig erschien. Es ist so, als würde auch ich einen Moment lang ster-

ben, kein Gedanke mehr, kein Gefühl – ruhiges Warten, was weiter geschieht.
Ganz plötzlich hört Jens auf zu krampfen, schläft völlig erschöpft in meinem Arm ein. Auch mir fallen die Augen zu, kurze Zeit nur, dann beginnt in meinem Kopf ein wilder Gedankentanz. Noch ganz benommen von dem eben Erlebten, suche ich nach Worten und Begriffen für das, was ich jetzt empfinde, aber ich besitze keine Begrifflichkeit, kein Schema, in das ich das Erlebte einordnen kann.
Für Minuten war Jens' Tod, der Tod überhaupt zum Anfassen nahe, nicht als Gedankenspiel, nicht in der Maske der Angst oder als willkommene Erlösung, nein, ganz einfach so, als eine Möglichkeit. Nichts Bedrohendes ging von seinem Schatten aus, weder Trauer noch Freude und kein Gedanke, ob gut oder schlecht.
Gemeinsam mit Jens bin ich zu einer Grenze vorgedrungen, an der sich alles auf Leben oder nicht Leben konzentriert. Nicht wie, nicht warum, ob schmerzlich oder freudvoll, das war auf einmal völlig unwichtig.
Es war keine bewußte Entscheidung meinerseits, ich hatte weder die Kraft noch den Willen, an Jens' Situation etwas zu verändern, ich hatte nur meine Wärme, die ich ihm bot, und das Warten auf das, was kommt. Und nun stelle ich mit Erstaunen fest, daß ich vielleicht das *Richtigste* getan habe, was ich tun konnte. Ich habe die Möglichkeit, daß Jens sterben könnte, akzeptiert auf einer Ebene des Erlebens und Verstehens, für die ich im Augenblick noch immer keine Sprache habe, weil sie sich mir bekannten Kategorien entzieht. Philosophische, theologische oder medizinische, sonstige Begriffe taugen in diesem Zusammenhang nichts, machen das Erlebte nicht mitteilbar.
Auf eine noch undefinierbare Art und Weise weiß ich, daß ich in den vergangenen Stunden Jens wirklich akzeptiert habe, daß ich etwas von seinem Anderssein begriffen habe, daß er immer anders sein wird als ich, als die Vorstellung, die ich von seinem Leben habe, daß er ein eigenes, total von mir getrenntes Wesen ist, dessen Wirklichkeit ich nie ganz

werde nachvollziehen können. Ich werde nie wissen, was er erlebt und empfindet, während er krampft. Ich werde ihm das Krampfen auch nicht ersparen können, er tut es ja trotz all der Medikamente. Ich werde nur für ihn dasein können, ihn begleiten, vielleicht seinen Schmerz etwas lindern können. Ihn festhalten, damit er vielleicht spürt, nicht allein gelassen zu sein, aber ich werde nie Einfluß darauf haben, wie das Ganze ausgeht.
Noch tausend andere Gedanken hüpfen in meinem Kopf hin und her, ich kann sie nicht mehr ordnen; während sie auftauchen, verlieren sie sich schon wieder. Erschöpft schlafe ich ein.
Als ich wieder aufwache, liegt Jens noch immer schlafend in meinem Arm, ganz entspannt. Ihn so sehend, könnte man glauben, aus einem Traum erwacht zu sein, nur daß dieser Traum für mich nackte Realität ist, mit der zu leben fast schon an Übermenschliches grenzt.
Ich trage Jens zurück in sein Bett. Irgendwann im Laufe des Tages wird er aufwachen – er lebt.

Ein kleines Mädchen – Schatten der eigenen Kindheit

Während Jens schläft, sich von seinen Krämpfen erholt, finde ich keine Ruhe.

Fast ein Jahr ist schon vergangen, ich habe es kaum wahrgenommen, fühle mich müde und, was eigentlich am bedrükkendsten ist, noch immer so abgetrennt vom normalen Alltag, weit weg vom Lärm der Stadt, dem Spiel der Kinder oder den Gesprächen der Erwachsenen.

Warum ist es so für mich, so grau, fremd und kalt? Schon lange vor Jens' Geburt gab es solche Tage. Wie hinter einem Schleier versteckte sich dann das Leben um mich herum, in allen Einzelheiten für mich wahrnehmbar, und doch fremd. Gern hätte ich dann den Schleier zerrissen, aber es gelang nur unvollkommen. Ein trauriger Zuschauer am Rande des Lebens, so empfand ich mein Dasein. Gern verglich ich mich in solchen Augenblicken mit einer Marionette, die an unsichtbaren Fäden von imaginären Händen bewegt wird, oder mit einer Schachfigur, ohne eigenen Willen auf einem Brett hin und her geschoben.

Ich haßte solche Tage, bekämpfte sie mit Aktivität. Und ich haßte mich. Ein graues, freudloses Leben, eine Marionette, eine Schachfigur, was für dumme und unnütze Gedanken, für die es so gar keinen vernünftigen Grund gab.

Mädchen, gib dir einen Ruck, laß dich nicht so hängen, sieh das Positive in deinem Leben und mach was draus, such dir ein Ziel, dir geht's doch gut, denke an die, denen es wirklich schlecht geht, nimm dich zusammen, es wird schon wieder...

Jetzt sind sie wieder da, die unnützen und dummen Gedanken, finden im Alltag mit Jens jede Menge neuer Nahrung. Viele Stunden mit ihm sind einfach grau und freudlos, und ich benehme mich tatsächlich oft wie eine Marionette und

reagiere mit Selbsthaß, möchte anders sein und kann es nicht.
Warum? Über diese Frage gerate ich erneut ins Grübeln. Es darf nicht sein, was ist, und ich darf nicht sein, was ich bin, dieser Gedanke verfolgt mich. Je mehr ich darüber nachdenke, um so klarer wird mir, daß diese Vorstellung mein ganzes Leben durchzieht wie ein roter Faden.
Was aber ist oder war und darf nicht sein oder durfte nicht sein, wer bin oder war ich oder darf oder durfte ich nicht sein?
Drunter und drüber geht's in meinem Kopf, ohne daß ich eine Logik finde, nur ein wirres Durcheinander von Erlebtem, Empfundenem und Gedachtem.
Ist es nur Jens, der alles so durcheinandergebracht hat? Liegt es vielleicht an mir allein oder an einer Umwelt, die mit uns so wenig anfangen kann, die uns ausschließt, statt uns die Hand zu reichen? Woran sonst könnte es liegen, gibt es darauf überhaupt eine Antwort?
Plötzlich steht vor mir ein kleines, betretenes Mädchen, mit gesenktem Kopf und voller Zweifel. Die Welt, in der das kleine Mädchen lebt, ist voller Widersprüche und geteilt in die der Kleinen und die der Großen, wobei die Großen offensichtlich im Vorteil sind.
Manchmal hat das kleine Mädchen keinen Hunger, möchte nichts essen, aber trotzdem mit den Großen an einem Tisch sitzen, sie sehen und hören, einfach dabeisein. Aber das geht nicht, es muß gegessen werden. Das kleine Mädchen wird zornig, nörgelt und weint, möchte, daß es einmal so ist, wie es es will, aber nein. Zur Strafe wird das kleine Mädchen vom Tisch geschickt, wird in ein anderes Zimmer gebracht samt Essen und darf erst dann wieder raus, wenn es aufgegessen hat. Allein vor dem Teller sitzend, versteht das kleine Mädchen nicht, warum das alles so sein soll. Auch die Großen essen nicht immer auf, auch sie sind manchmal zornig, streiten, ja sie weinen auch manchmal, das hat das kleine Mädchen sehr wohl bemerkt. Aber man muß wohl erst zu den Großen gehören, bevor man so sein kann, wie einem

gerade zumute ist. Es gibt noch viele solcher Gelegenheiten, bei denen das kleine Mädchen nur eins versteht:
Es ist klein, im Grunde ein *Nichts*, aus dem erst ein richtiger, vernünftiger Mensch gemacht werden muß, an dem noch vieles falsch ist und das nun ganz schnell versuchen muß, ein großer Mensch zu werden, denn dann scheint alles leichter und weniger widersprüchlich, nicht so unverständlich zu sein.
Das kleine Mädchen gibt sich viel Mühe beim Großwerden. Es achtet peinlich darauf, nicht mehr so viel falsch zu machen, aufzuessen, auch wenn es keinen Hunger hat, lieb zu sein, nicht mehr so oft zu toben oder zu weinen, es strengt sich gewaltig an, so zu sein, wie die Großen es haben möchten, immer in der Hoffnung, daß es ja bald mal groß genug sein muß und dann alles nur besser werden kann.
Bis es die Bekanntschaft macht mit einer Welt, in der auch große Menschen nichts wert sind.
Jetzt schon etwas größer, lernt das kleine Mädchen, daß die Hoffnung umsonst war, daß offenbar nichts besser werden kann. In dieser neuen Welt gibt es nur noch einen Großen, den lieben Gott. Der Rest, die vielen großen und kleinen Menschen, sind von Natur aus unvollkommen, mit Fehlern behaftet und böse, denn sie sind nicht so, wie sie sein sollen, wie dieser liebe Gott sie haben möchte. So jedenfalls wird es dem kleinen Mädchen erklärt. Wieder ist das Mädchen ein *Nichts*, ein unbedeutender Mensch in dem Heer der Sünder, die alle Menschen sein sollen oder sind.
Der Traum von einer besseren Zukunft als großer Mensch zerplatzt wie eine Seifenblase, es gibt kein Entrinnen, der Makel des Mangelhaften, des Falschseins klebt wie Pech.
Fassungslos starre ich auf das kleine Mädchen, das so in meinen Gedanken entstanden ist. Ich dachte, das alles sei längst vergessen, als Vergangenheit zu den Akten gelegt.
Ich muß heute nicht mehr aufessen, glaube nicht mehr an den lieben Gott, gestatte mir auch hin und wieder, böse zu sein, erlaube mir Wut und Tränen, und trotzdem...
Bis heute hat mich das Gefühl der Wertlosigkeit begleitet,

stehe ich noch immer da mit gesenktem Kopf voller Zweifel und dem dumpfen, bedrückenden Empfinden, was immer ich auch tue, es reicht nicht aus oder ist falsch.
Nichts davon ist also zu den Akten gelegt und Vergangenheit geworden, ich habe es nur immer und immer wieder verdrängt, dieses kleine und verwirrte Mädchen, das glaubt, unentrinnbar ein Nichts zu sein, weil es nie so sein durfte, wie es war. Auf einmal empfinde ich viel Mitleid mit diesem Kind, das in all den Jahren in mir weitergelebt hat, es aber nicht wirklich durfte. Und in meinem Kopf entsteht die Phantasie: Wenn ich dieses kleine Mädchen jetzt an die Hand nehme, es leben lasse und akzeptieren kann, daß es mehr war und ist, als es je sein durfte, wenn ich annehmen kann, daß das einfach so ist, auch wenn es mir nicht gefällt, dann habe ich vielleicht neben all den Verlusten und der Trauer eine Chance, eine Chance, mir selbst etwas näher zu kommen und meine ganz persönliche Wahrheit zu entdekken.
Nicht mehr als ein Gefühl ist es zunächst einmal, daß es in mir tatsächlich einen anderen Menschen, eben dieses kleine Mädchen gibt, das ganz eigene Gefühle und Gedanken entwickelte, damit in Widerspruch geriet zu der Welt der Großen, ohne diesen Widerspruch auflösen zu können.
Erhobene Zeigefinger und vernünftige Ansichten haben die Widersprüche weggeschoben, als eigentlich gar nicht vorhanden erklärt. Aufgeteilt haben sie die Welt in Gut und Böse, in Schwarz und Weiß, in ein Entweder-Oder, sie haben vorgegaukelt, daß das Leben gradlinig verlaufe, daß, wer A sagt, auch B sagen muß. Sie haben gelogen, ganz einfach gelogen, das Leben, besonders mein eigenes, ist nicht so, war es auch nie. In meiner Liebe steckte immer ein Stück Wut über die damit verbundene Abhängigkeit von dem, dem meine Liebe galt. In meinen Haß mischte sich eine Spur von Wärme und Anteilnahme, weil mir der, den ich haßte, nicht gleichgültig war. Freude konnte sich schnell in Trauer verwandeln, so wie ein Lächeln die Tränen verscheuchen konnte.

Nie war ein Gefühl oder ein Gedanke eindeutig oder von Dauer, diese Erfahrung, dieses Wissen ist so alt wie ich selbst bin, für mich aber ohne Sinn und *falsch* geblieben, weil es nicht paßte in die Welt, in der ich groß geworden bin.
Aber ist das *Falsche*, das *Sinnlose*, sind all die Widersprüche nicht das eigentlich *Richtige*?
Wie sieht ein einzelner Tag in meinem Leben denn aus, wie erlebe und beurteile ich ihn, eindeutig – nur schön oder schlecht, wichtig oder unwichtig?
Morgens gegen 6 Uhr reißt mich Jens' Geschrei aus dem Schlaf. Der kleine Mann hat Hunger und kann sich noch immer nicht anders als durch Gebrüll bemerkbar machen. Verschlafen, die Augen reibend, laufe ich in die Küche, um für Jens Milch warm zu machen – immer dasselbe, wie lange soll das noch gehen? Andere Kinder krabbeln längst allein aus ihrem Bett, entdecken den neuen Tag. Mein Sohn schreit, bis ich ihn auf den Arm nehme und durch die Wohnung trage. Noch ganz warm vom Schlaf, entspannt schmiegt sich sein Körper an meinen. Er ist doch ein lieber Fratz, was kann er dafür, daß er nicht so ist, wie ich ihn gern hätte. Jens, ich habe dich doch auch lieb...
Nach dem Füttern lege ich Jens zurück ins Bett, um zu duschen. Erneutes Gebrüll. Wenn ich mich doch nur einmal in Ruhe duschen und anziehen könnte, ohne dieses Begleitkonzert, der Tag fängt wie immer gut an.
Hastig steige ich in die Jeans, streife einen alten Pullover über, hole Jens aus seinem Bett und frühstücke, während er auf meinem Arm sitzt.
Bis zum Mittag bin ich meist allein mit Jens. Mein Mann, inzwischen wieder zurückgekommen in seine Familie, ist an der Uni. Ja, wir sind wieder komplett, einen gewaltigen Schritt vorangekommen. Wir können wieder zusammen leben und reden, ich bin so froh darüber, auch wenn ich es meinem Mann nur selten zeigen kann.
Meist vergeht die Zeit bis zum Mittagessen mit einem Besuch bei der Krankengymnastin oder beim Arzt. Haben Jens

und ich frei, dann setze ich Jens ins Tragetuch und gehe mit ihm spazieren oder zum Einkaufen. Das geht etwas besser als noch vor ein paar Wochen. Jens genießt es, so an seiner Mama zu kleben. Mich macht es eher traurig. Ich sehe dann die anderen Kinder in Jens' Alter, die mit einem Spielzeug oder Keks in der Hand in ihrem Kinderwagen sitzen, neugierig um sich schauend, vergnügt brabbelnd, die mit all den Omas und Opas flirten, die sie ansprechen.
Wird Jens angesprochen, dann ist er ganz Abwehr, verschraubt sich in seinem Tragetuch, so daß ich ihn kaum noch halten kann. Jedes Stehenbleiben, jede Pause verärgert ihn, er beginnt zu quengeln und zu weinen. Schon ärgere ich mich, Jens mitgenommen zu haben. Jeder Ausflug ins *Normale* ist eine einzige Anstrengung und Enttäuschung für mich.
Möglichst schnell laufe ich dann mit Jens nach Hause. Außerdem zeigt ein Blick auf die Uhr, daß die Mittagszeit bedrohlich nahe gerückt ist, daß ich Jens füttern und dann zu seiner Pflegemama bringen muß.
Irgendwie schaffe ich es nie, das Ganze etwas ruhiger angehen zu lassen. Jens spürt den Druck, die Anspannung und ißt besonders langsam. Die Hälfte des Essens landet auf meinem Pullover. Das machen andere Kinder auch, aber bei meinem eigenen Kind nervt mich das. Wären es seine kleinen Hände, die mit dem Essen spielen würden, es wäre etwas anderes für mich, ein Zeichen seiner Entwicklung und Selbständigkeit, aber so...
Am Ende hat er wie immer große Schwierigkeiten mit dem Aufstoßen. Der Zeiger der Uhr rückt unaufhaltsam weiter, ich muß los mit Jens, will ich nicht zu spät zu meinem Arbeitsplatz kommen.
Ich möchte Jens in Ruhe bei seiner Pflegemama abgeben, ihn dort noch selbst ins Bett legen, damit er seinen Mittagschlaf halten kann, nicht so eilig und abrupt aus seinem Gesichtsfeld verschwinden.
Der Weg zu Jens' Pflegemama ist zugleich unser täglicher Spaziergang. Ich zeige Jens, was es so neben den Wegen al-

les zu sehen gibt, ob er es wahrnimmt? Egal, ich zeige es ihm einfach und fühle mich wohl mit ihm.
Angekommen bei der Pflegemama, genieße ich die verbleibende Zeit. Jens ist meist sehr müde und schläft gleich ein, wenn ich ihn hingelegt habe. So kann ich mit H. einen Kaffee trinken und mich mit ihr unterhalten. Oft ist Jens das Gesprächsthema, H. kennt ihn nun schon so lange, hat seine Krämpfe so manches Mal miterlebt und kann vergleichen mit ihrem Sohn, der ebenso alt ist wie Jens. Sie teilt meine Gefühle und Gedanken, was würde ich ohne sie machen? Auch wenn es häufig sehr traurig für mich ist, zu sehen, daß sie hat, was ich nicht habe, ein munteres, aufgewecktes Kind, so genieße ich doch mein Zusammensein mit ihr. Jens in guten Händen wissend, verabschiede ich mich, um zur Arbeit zu fahren. Es ist immer die Zeit des Aufatmens. Für ein paar Stunden des Tages muß ich mich nicht um Jens kümmern.
Zwar werden gleich 20 und mehr Kinder auf mich einstürmen, fragen, was wir denn heute machen, sie werden rumtoben und sich streiten, ganz schön heiß hergehen wird es, anstrengend für mich, aber doch eine angenehme Abwechslung zu meinem sonstigen Trott. Die Kinder werden mich ablenken von meinen eigenen Sorgen, meinen Grübeleien und mir etwas von der Lebendigkeit geben, die ich an Jens so vermisse.
Müde, doch meist zufrieden mache ich mich am Abend auf den Heimweg, um zunächst einmal Jens abzuholen.
Von H. und ihrem Sohn werde ich an der Wohnungstür begrüßt. Ob Jens sich freut, weiß ich nie so recht. Er sitzt auf H.s Arm, kein Lächeln verändert sein Gesicht, kein Ärmchen streckt mir ein neues Spielzeug entgegen. Jens wechselt auf meinen Arm, merkt er den Unterschied überhaupt?
Ich spüre, wie die noch eben vorhandene Heiterkeit umschlägt in Trauer darüber, daß mein Kind so anders ist.
Dann schnell nach Hause, die Zeit drängt. Jens braucht sein Abendessen und das allabendliche Bade- und Schlafenge-

henritual. Verzögerungen quittiert er wieder mit Gebrüll, dann habe ich erneut ein schreiendes Bündel Kind im Arm.

Wie schön könnte es sein, wäre Jens nicht so behindert, so pflegebedürftig. Auf dem Heimweg könnte er die ersten eigenen Schritte wagen, sein Brot essen. Wir könnten uns Zeit lassen, vielleicht noch die Enten füttern, noch etwas draußen bleiben, in der Sandkiste spielen oder schaukeln.

So schiebe ich den Sportwagen eilig nach Hause. Jens ist das Sitzen unangenehm, seine Mundwinkel rutschen schon wieder verdächtig nach unten. Bevor er aber anfängt zu schreien, sind wir zu Hause angekommen.

Zum Ausruhen bleibt erst mal keine Zeit, der Tag ist noch nicht zu Ende, fängt noch mal so richtig an. Ich füttere Jens, ziehe ihn aus und erzähle ihm, was ich so gemacht habe. Ich weiß nicht, ob Jens etwas davon versteht, ich rede einfach gegen die Stille und Leere, die auf einmal entstanden sind. Ich rede gegen meine Trauer, möchte vermeiden, mein Kind mit tränenverschmierten Augen anzusehen.

Anschließend badet Jens mit Papa. Wasser ist für ihn eine feine Sache, er kann sich entspannen und liegt ganz friedlich auf Papas Bauch. So friedlich ist Jens selten, ich genieße das Bild der Harmonie, möchte es festhalten für immer.

Spät ist es geworden, wie an jedem Abend. Während mein Mann Jens wickelt, anzieht und ins Bett bringt, ruhe ich mich aus.

Was habe ich den Tag über getan, was bleibt nun nach all den Stunden der Betriebsamkeit davon übrig?

Manchmal sehr viel, an anderen Tagen nichts. Viel bleibt, wenn es mir gelingt, einen solchen Tagesablauf zu akzeptieren, wenn ich die unterschiedlichen Gefühle und Gedanken wahrnehmen und auf mich wirken lassen kann, ohne sie sofort zu bewerten und in Schubladen zu stecken. Dann erlebe ich mein und auch unser Leben trotz aller Schwierig-

keiten doch als interessant, vielfältig und eigentlich ganz schön.
Wehe aber, ich denke an das, was sein könnte oder sollte, daran, daß Jens ein anderes Kind sein sollte oder ich mich nicht so verhalten habe, wie ich glaubte es zu müssen. Dann spüre ich nichts als Verlust und Kälte, bleiben die Gespräche mit H., das Badevergnügen von Vater und Sohn oder mein Spaß an der Arbeit nur ein lächerliches Trostpflaster, das meine Wunden zwar vorübergehend bedecken, aber nicht heilen kann. Dann bleibt nichts von so einem Tag, nur Arbeit und Mühe und die Frage, wozu das Ganze?
Es ist einfach nichts eindeutig. Jeder Tag steckt voller Widersprüche, angenehme wechseln sich ab mit unangenehmen, ständiger Wechsel.
Warum also halte ich fest an dem Gedankengebäude des Entweder-Oder, einer Gradlinigkeit, die ich nirgends finden kann?
Ich habe scheinbar nur diese eine Sicht, und schließlich habe ich ja auch jahrelang damit gelebt. Ich verteidige eine Lüge, weil ich nicht weiß, wodurch ich sie ersetzen könnte. Sie hat immerhin, gleichgültig wie, mich und mein Leben zusammengehalten, mit ihr habe ich mir eine eigene Existenz aufgebaut, gar keine so schlechte.
Oberflächlich betrachtet, habe ich alles erreicht, was man so erreichen kann. Ich habe einen Beruf, bin dadurch existentiell als Frau unabhängig, ich bin verheiratet, habe ein Kind geboren, so viele Erfahrungen gleichzeitig, sich nicht voneinander ausschließend, und doch bleibt da immer dieses diffuse Unbehagen, das Empfinden, alles nur halbherzig, zögernd und mit zu vielen Wenn und Abers zu erleben.
Die Vielfalt zerreißt mich, sie paßt nicht in die alte Ideologie der Eindeutigkeit, ich kann einfach die verschiedenen Ebenen an Erfahrungen und Gedanken nicht zu einem Ganzen, zu meinem Leben, zusammenfügen. Mir fehlt etwas, dieses Etwas ist Selbstvertrauen, ist Sicherheit, die Gewißheit, daß ich jenseits aller Funktionen und Rollen, die ich ausübe, ein Mensch bin.

Irgendwie habe ich keine Persönlichkeit. Ich mache mir ein Bild von der Frau, die ich sein will, und versuche, mich dem anzupassen, ich lasse mir sagen, was ich für eine Ehefrau sein soll, und versuche, mich dem anzupassen, ich lese in Büchern, wie man als Mutter zu sein hat, und versuche, mich dem anzupassen. Und immer läuft es schief, entdecke ich Gefühle und Gedanken, die nicht in solch ein Bild passen. Doch statt das Bild zu korrigieren, fühle ich mich schuldig, fehlerhaft, werde aggressiv und biestig oder depressiv und stumm.
Nein, aufhören zu denken, diese Nabelschau macht mich noch ganz verrückt. Was nützen mir all diese Entdeckungen, die nur weh tun und mich zusätzlich zu all dem Streß so viel Kraft kosten.
Wie ein Schlafwandler bewege ich mich seit Tagen und Wochen zwischen verschiedenen Realitäten, zwischen Tag und Traum, zwischen Gegenwart und Vergangenheit. Die eine Seite beeinflußt immerzu auch die andere, ich mittendrin, taumelnd, immer kurz davor, den Halt zu verlieren.
Auf was habe ich mich da eingelassen, welches selbstmörderische Spiel spiele ich da mit mir selbst! Wozu muß ich in meiner Kindheit kramen, die ich nicht mehr ändern kann. Was da zutage kommt, ist grausam, alles Gefühle und Gedanken, die ich immer versucht habe, in Schach zu halten und zu verstecken, Selbstverachtung, Unsicherheit, Wut, all das Böse und Unvernünftige.
Völlig durcheinander sitze ich da, soll ich mich ärgern, traurig sein oder mich freuen über das, was ich da auf einmal nachempfinde und entdecke? Ich weiß es nicht, bin nur noch verwirrt, versuche mit meinem Kopf eine Entscheidung zu treffen. Soll ich weiterforschen, mich praktisch selbst an die Hand nehmen und herausfinden, wer ich nun wirklich bin, auch die unerwünschten Gefühle und Gedanken akzeptieren, oder soll ich lieber zurückkehren zu dem Funktionieren, wieder verdrängen und wegschieben und in Kauf nehmen, daß ich hin und wieder gequält werde von dem Gefühl des Getrenntseins und der Leere. Im Kopf finde ich

keine Antwort, der spielt an dieser Stelle nur verrückt, zerpflückt alle Erfahrungen bis zum Gehtnichtmehr und hinterläßt nichts als einen Schutthaufen.

Ich wende mich wieder dem Alltag zu und entdecke zu meiner Überraschung Neues.

Nach mehr als einem Jahr ist Jens noch immer das ein paar Wochen alte Baby, das gefüttert, gewindelt und herumgetragen werden muß. Noch immer nimmt er kaum Anteil an seiner Umwelt, bleibt auf mich fixiert, abhängig von ständigem und unmittelbarem körperlichen Kontakt, ist noch immer das unverstehbare steife Etwas, das mich nie anschaut, zu dem ich kaum Zugang finde.

Daß Jens nichts dafür kann – mehrmals am Tag sage ich mir das –, nützt mir nichts. Mir wäre es noch immer lieber, er verschwände einfach aus meinem Leben.

So wie er ist und lebt, repräsentiert er für mich all das Unerwünschte, das ich an mir selbst so wenig mag. Er funktioniert nicht, ist meist traurig und verspannt, meckert und schreit in einem Ausmaß, das allzuoft unerträglich ist.

Ist meine Nabelschau, die Begegnung mit mir selbst gar nicht so töricht, wie ich oft glaube?

Ziemlich klar erkenne ich, daß dies genau der Punkt ist, der mich so von meinem Kind trennt und gleichzeitig auch mit ihm verstrickt.

Ich könnte ihn doch in ein Heim geben oder einfach schreien lassen, mich weniger mit ihm beschäftigen, wenn es mich so nervt. Gebannt bleibt mein Blick und bleiben meine Gedanken an Jens haften. Ich muß einfach Zugang zu ihm finden, für ihn, für seine Zukunft, aber nicht nur für ihn, auch um meiner selbst willen. Jens, ihm verdanke ich all die Grübeleien und Entdeckungen der vergangenen Zeit, ohne ihn und sein Anderssein wäre ich nicht gezwungen, mich selbst anzuschauen. Keineswegs bin ich glücklich darüber, aber auch nicht unglücklich, ich verliere nicht nur etwas, ich finde auch etwas.

An dem Tag, als ich begriff, was beim Turnen mit mir und Jens geschah, als ich nicht mehr ertrug, ihn und mich als willenloses Objekt zu erleben, habe ich da nicht auch gesehen, daß wir dieses Objekt nicht sein *müssen*? Ich hatte den Mut gefunden, nein zu sagen, aufzuhören. Heute darf ich Jens wieder anfassen, weint er nicht mehr beim Ausziehen, ja manchmal scheint er das Streicheln sogar zu genießen. Er tut uns beiden gut, der Funken Wärme in einem sonst eher kalten Tagesablauf.

Jens, kleiner Mann – wir beide haben so viel Zeit verloren im Kampf gegen uns, in dem Bemühen, etwas zu sein oder zu werden, was wir nicht sind. Es tut mir leid, unendlich leid für dich und für mich, aber es geschah nicht mit Absicht. Es geschah zu deinem *Besten*, so wie einmal für mich vieles zu meinem *Besten* geschah, was dann doch nicht zu meinem Besten war.

Kleiner Mann, weißt du was, wir hören einfach damit auf. Wir probieren etwas anderes – wir werden versuchen herauszufinden, was für *uns* gut ist.

Ich weiß, es wird nicht einfach sein, ich werde dir nichts versprechen, wahrscheinlich werde ich auch Fehler machen, und es kann durchaus sein, daß es dann wieder nicht zu deinem oder meinem *Besten* war. Ich weiß nicht, wo wir eines Tages ankommen werden, ob ich genügend Kraft haben werde für uns beide, ich kann nichts versprechen, außer daß ich es versuchen will, dir helfen will mit mehr Wärme und Verständnis als bisher.

Du wirst Geduld haben müssen mit deiner Mama, und du wirst mir helfen, mich einzulassen auf eine Welt, in der es nicht nur ums Funktionieren geht, in der Gefühle, auch die ungeliebten, leben, vorhanden sein dürfen.

He, du, stell dir vor, vielleicht können wir es schaffen, etwas lebendiger, gefühlvoller und echter zu werden. Und vielleicht werden wir doch noch eines Tages lachen und uns freuen, daß es uns gibt.

Welche Bewegungstherapie? Wieder ein neuer Weg

Zaghaft wächst in mir ein Stück Hoffnung, das diesmal nicht getragen wird von der Illusion, es könnte alles ein Irrtum sein, auch nicht mehr von der Wunschvorstellung, Jens zu einem normalen, nichtbehinderten Kind therapieren zu können, nein, diesmal wird sie getragen von der Vorstellung, im allmählichen Akzeptieren von Jens' So-Sein eine Grundlage zu finden, die ihm und mir Entwicklung ermöglicht ohne ständigen Druck.

Dies zu denken, ist ziemlich einfach, es umzusetzen in den Alltag ungleich schwieriger.

Einen kleinen Schritt bin ich vorangekommen. Nachdem ich diese Turnpause entschieden habe, suche ich nach einer anderen, neuen Form von Bewegungstherapie für Jens, eine, die, noch unbelastet von Forderung und Streß, Spielraum zum Ausprobieren gibt.

Zufällig treffe ich bei Jens' Krankengymnastin eine Mutter mit mongoloider Tochter, die einmal pro Woche zum Schwimmen fährt. Sie bietet mir an, mich und Jens mitzunehmen. Warum nicht. In badewannenwarmem Wasser paddeln behinderte und nichtbehinderte Kinder fröhlich umher, vielleicht gefällt Jens das auch. Noch ist es neu, Jens weint, aber das ist normal, versichert der Schwimmlehrer. Geschickt schwingt er Jens durchs Wasser. Er hört tatsächlich auf zu weinen, läßt es sich gefallen, hängt jedoch zwischen den Armen des Lehrers wie ein Stock. Mehrere Stunden vergehen so, der einzige Erfolg ist der, daß Jens nach 45 Minuten todmüde und schlaff ist, zu Hause entgegen all seinen Gewohnheiten eine Stunde und länger schläft, so daß ich etwas ausruhen und entspannen kann.

Mehr als einmal denke ich an Aufgeben. Der zeitliche und finanzielle Aufwand steht in keinem Verhältnis zu den Ergebnissen. Ganz zwangsläufig messe ich Jens an den anderen Kindern, die spätestens nach der dritten Stunde vergnügt im Wasser strampeln, viele von ihnen auch mit Schwimmflügeln, ohne dabei festgehalten zu werden. Alle, auch die anderen behinderten Kinder, lernen in jeder Stunde etwas dazu, nur mein Kind nicht, es ist zum Verzweifeln.

Doch dann, ich weiß nicht mehr, nach wieviel Stunden, beginnt Jens, im Wasser mit den Beinen zu strampeln, ganz kurz und vergleichsweise steif, aber er bewegt seine Beine.

Es ist tatsächlich so. Ich wage nicht, mich zu freuen, aus Angst, meine Erwartungen dann gleich wieder so hoch zu schrauben, daß ich einfach wieder enttäuscht werden *muß*, aber das Eis ist gebrochen, vergnügt schwinge jetzt ich Jens durchs Wasser, hopse mit ihm hin und her, und es gefällt meinem Sohn.

Zum erstenmal wird Jens selbst aktiv und empfindet so etwas wie Freude, vermute ich, denn lachen oder freudig glucksen wie die anderen Kinder kann er nicht. Sein Gesicht aber wirkt weich und entspannt, seine Augen weniger verträumt und verhangen, eigentlich sieht er so ganz normal aus, wie jedes andere Kind auch.

Warum kann es nicht immer so sein, der Gedanke hält mich gefangen. Die Antwort ist banal, ich kenne sie ja auch schon lange – Jens ist kein normales Kind.

Von Anfang an war er eingeschränkt in seinen Wahrnehmungs- und Entwicklungsmöglichkeiten und hätte viel mehr an Wärme und Einfühlungsvermögen in seine Situation gebraucht. Daß pünktliche Versorgung allein für ein Kind nicht ausreicht, daß es die Wärme und das Verständnis seiner Mutter oder einer anderen Person, die ständig mit ihm zusammen ist, braucht, ist inzwischen eine Binsenwahrheit, in jeder Zeitschrift kann ich einen Artikel darüber lesen.

Aber was nützen die schönen Worte, die einleuchtenden Ratschläge, wenn das gewollte Kind auf einmal ein behindertes ist, die Eltern diesen Schock erst einmal verarbeiten

müssen, wenn sie vertröstet und belogen werden, wenn man ihnen vorspiegelt, mit Medikamenten und Therapien ließe sich vieles korrigieren, wenn sie mit ihrer Hilflosigkeit und Trauer allein gelassen und mit Ratschlägen wie »kriegen Sie doch einfach noch ein Kind« abgespeist werden. Wo können sich dann Wärme und Verständnis entwickeln, in weißgetünchten Krankenhauszimmern? Bei Therapien, in denen jede liebevolle Zuwendung ausdrücklich als störend verboten wird? In ewig gleichen Ritualen beim Essen, Windeln oder Waschen als ergänzende Therapie? Können sie sich dort entwickeln?
Nein, davon bin ich nun nicht mehr überzeugt. Wenn es um mich und Jens geht, dann ist das nicht der geeignete Weg. Schon Jens' Geburt war ein einziges Trauma für Kind und Mutter. Wenn ich daran denke, wie brutal er aus mir herausgezogen und, wie sich später auch herausstellte, dabei im Kopf verletzt wurde, was muß er dabei empfunden haben! Und später im Brutkasten, bespickt mit allen möglichen Kanülen, nur damit er am Leben bleibt. Keiner kann mir erzählen, daß da für Jens kein Empfinden, kein Schmerz, nicht die Erfahrung nackter Brutalität vorhanden waren.
Und später, von einem Arzt zum anderen, von einer Behandlung zur anderen, wieder fremde Hände, Piksen und Schläuche. Was für eine Lebenserfahrung, dazu all die ohnehin vorhandenen Einschränkungen durch seine Behinderung. Darüber nachzudenken, treibt mir die Tränen in die Augen, ich fühle mich selbst als hilfloses, ausgeliefertes Baby, würde am liebsten anfangen zu schreien. Und meinem Kind möchte ich es verbieten, kann Jens nicht schreien hören. Aber vielleicht ist es gerade das, daß ich damals nicht geschrien habe, nicht darum kämpfte, Jens mit nach Hause zu nehmen, es war ja eine ambulante Geburt, möglicherweise hätte ich es gedurft. Nein, ich habe nicht geschrien, erschöpft von der stundenlangen Entbindung, war ich nur froh, daß mein Kind endlich draußen war, habe es mir wegnehmen lassen und damit auch die Verantwortung. Sie ging über in die Hände der Ärzte und später der Therapeuten.

Mit ihnen begann ich, Jens zu *retten*, mit Medikamenten vollzustopfen, mit Turnübungen zu quälen, nur damit er nicht so bliebe wie er war – schwerbehindert.
Aber mit welchem Erfolg? Jens ist schwerbehindert geblieben, allen zum Trotz, steif und teilnahmslos ist er geblieben, und er krampft nach wie vor, es wird immer schlimmer statt besser. Mit jedem Tag wird die Gewißheit größer, daß ich so wie bisher mit Jens nicht weiterleben kann, es muß sich einfach etwas ändern.
Die medikamentöse Behandlung und auch die anderen Anstrengungen, um seine Entwicklung voranzutreiben, ergeben für Jens und seinen Alltag keinen Sinn mehr. Nach wie vor wirkt Jens todunglücklich, werde ich das Empfinden nicht los, daß sein Leben eine einzige Qual ist, und die Frage, warum das so ist, läßt mich tagelang nicht los.
Am Ende glaube ich die Antwort zu wissen. Jens muß wohl sehr viel mehr wahrnehmen, als ihm auf Grund seiner Behinderung zugestanden wird. Er muß spüren, nicht wirklich angenommen zu sein.
Er muß auch den Druck spüren, der auf ihn ausgeübt wird, und auch die Trauer, die vielen Fragen. Nur selten kann ich ihn einfach gern haben und frei von all den belastenden Gefühlen und Gedanken mit ihm schmusen.
Was für ein Lebensgefühl vermittle ich ihm denn? Kein besonders schönes, eher ein trauriges, bedrückendes.
Als Ahnung hat diese Einsicht schon lange in mir gelebt, es gab schon genug Situationen, in denen ich mich gern anders verhalten hätte, liebevoller, mehr auf Jens und nicht auf irgendwelche Notwendigkeiten Rücksicht nehmend, aber ich habe mir selbst mißtraut, mir einreden lassen, daß ständige ärztliche und therapeutische Betreuung wichtiger seien für die Zukunft, für eine fragwürdige Entwicklung usw.
Ich habe mich damit getröstet, daß mein Kind, geistig behindert, vieles ohnehin nicht mitbekommt, nach dem Motto, wer sich nicht bewegen, nicht mitteilen kann, der fühlt auch nichts.

Dieses Vorurteil entsprach meiner eigenen Gefühllosigkeit, die ich brauchte, die mich schützte, die so lange nötig war, damit ich Jens überhaupt versorgen konnte.
Jetzt, da ich wieder mehr fühlen darf, habe ich nur einen Wunsch – raus aus all den bisherigen Abhängigkeiten, Schluß mit dem ewigen Gerenne von Arzt zu Arzt, von Termin zu Termin.
Was aus medizinischer Sicht für Jens getan werden konnte, ist getan. Er wurde unzählige Male untersucht, geprüft, gewogen, sein Kopfumfang gemessen, seine Hirnströme, seine Verletzung lokalisiert, seine Reaktionen getestet, seine Behinderung bekam einen Namen, manchmal wurden vorsichtige Prognosen gestellt. Mehr vermag die Medizin nicht, eine Behinderung ist nicht wie eine Krankheit, die durch Behandlung zur Gesundung führt.
Das zu akzeptieren ist schwer, rüttelt an meiner Überzeugung, alles sei machbar, veränderbar mit gutem Willen und entsprechender Leistung. An der Überzeugung einer ganzen Gesellschaft rüttelt so ein behindertes Kind, indem es etwas anderes verlangt als beständiges Training zu permanenter Leistungsfähigkeit, Entwicklung und Anpassung verweigert und sämtliche Methoden zur Behebung seines Andersseins in Frage stellt.
Jens, dieses kleine geschädigte Etwas, hat endgültig die Welt aus den Angeln gehoben, für mich gibt es keine Wahl mehr, kein Zurück. Ich werde ein neues Fundament für mein, unser Leben bauen müssen, das alte hat Risse und Löcher bekommen.
Um Veränderung nicht mehr nur zu denken, brauchen Jens und ich etwas anderes als die bisherige Hetze und Suche nach dem vielleicht doch noch *Normalen* in unserem Alltag. Wir brauchen Zeit, Wärme und Verständnis, viel Geduld und Unterstützung von außen.
Zunächst sind das wieder einmal Gedanken, mehr nicht. Überrollt vom Schicksal, ein behindertes Kind zu haben, verunsichert von all den unbewältigten Empfindungen aus Kindertagen und im ständigen Gefühl, ein Außenseiter zu

sein und zu bleiben, habe ich mich eingerollt wie ein Igel, zeige nur noch Stacheln.
Noch nie habe ich mich so allein, so mutterseelenallein gefühlt, rutsche erneut in die Rolle des Opfers.
Alles bleibt an mir hängen, die Entscheidungen für Jens treffe ich meist allein, mein Mann findet ohnehin vieles überflüssig und nutzlos, Jens ist nicht zu helfen. Er hat gut reden; den ganzen Tag abgelenkt von seinem Studium, sieht er nicht, wie Jens sich fühlt, was ihm fehlt, hört er nicht sein Schreien, kennt er nicht den Ärger ums Essen. Ihm bleiben die vergnüglichen Teile, der Badespaß, ein Spaziergang. Er kann sich erholen und abschalten. Wann kann ich das? Selbst wenn ich zur Arbeit gehe, diesem keineswegs immer erfreulichen »Luxus«, muß ich sehen, wo Jens bleibt, ihn an manchem Tag mitnehmen. Die wenige Zeit, die für mich bleibt, sie soll ich dann möglichst auch noch mit ihm teilen. Kann sich mein Mann nicht ein einziges Mal in mich hineinversetzen, mir Jens abnehmen, ohne daß ich es von ihm fordern muß? Dieser Egoismus macht mich rasend, voller Haß entziehe ich ihm wieder meine Gegenwart, indem ich stumm und zugeknöpft neben ihm sitze, ich könnte ebensogut nicht dasein.
Dann die Anrufe meiner Eltern, besonders die meiner Mutter: Wie geht es Jens, was macht mein Herzelie. Verrückt macht mich *Herzelie*, miserabel geht's ihm. Und wer fragt, wie es mir geht? Erst war's mein Bruder, jetzt ist es mein Sohn, dem ihre ganze Aufmerksamkeit gilt, immer dasselbe.
Und all die sonstigen neugierigen Fragen nach dem Wie, dem Warum. Sie können mir alle gestohlen bleiben, diese anteilnehmenden Frager, was verstehen sie schon, meine Geschichte gibt ihnen allenfalls Stoff zum Tratschen, wochenlang können sie davon leben, eine Frau zu kennen, die einen behinderten Sohn hat, sich freuend, daß sie von solch einem Schicksal verschont geblieben sind.
Meine Wut wächst und wächst, scheint grenzenlos, vergessen der Wunsch nach Veränderung, Wärme und Verständ-

nis, mit wahrem Vergnügen zeichne ich erneut eine düstere Zukunft, betrachte mein und Jens' Leben als absolut unsinnig, verstreue, wo immer es geht, zynische Gedanken, jeden positiven Gedanken befreundeter Menschen zerpflücke ich, bis nichts übrig bleibt, mein Gesprächspartner in trauriges Schweigen verfällt.
Ich habe nichts mehr zu verlieren, gehöre ja ohnehin nicht dazu. Außerdem macht es Spaß, so biestig zu sein, endlich werde ich ihn los, den nie gelebten, über Jahre angestauten Haß. – Ich werde ihn tatsächlich los, er verbraucht sich ganz einfach im Laufe der Zeit.
In meiner Phantasie konnten das Erleben und Ausleben aggressiver Gefühle immer nur Untergang bedeuten. Aggressiv zu sein, hieß schlichtweg, zutiefst böse und verdammenswert zu sein. Tief hat sich diese Wertung in mein Unterbewußtsein eingegraben. Daß ich später, hauptsächlich während des Studiums, lernte, daß Aggressivität auch positiv im Sinne von Aktivität, Aneignung der Umwelt, lernen und Erfahrungen sammeln bedeuten kann, nicht nur destruktive Auswirkungen haben muß, ja, daß die destruktiven Erscheinungen wohl eher Wirkung einer permanenten Unterdrükkung von Aggressivität sind, das alles hat nichts an meiner Sicht ändern können. Es ist als abstraktes Wissen im Kopf hängengeblieben, hat es mir manchmal möglich gemacht, mit aggressiven Kindern ganz gut umgehen zu können, aber in bezug auf mich selbst ist das Wissen ohne praktischen Wert geblieben. Ich habe weiterhin meine Wut versteckt, mich bemüht, böse Gefühle in Schach zu halten, und mich geschämt, mit Schuldgefühlen geplagt, wenn es mir nicht gelang. Ich glaubte ständig, dann die Liebe meiner Eltern, meines Mannes oder die von Freunden zu verlieren.
Jetzt bin ich erstaunt, daß die Wirklichkeit ganz anders aussieht. Sicher, ich habe nicht das Gefühl, als kleines, haßerfülltes Biest geliebt zu werden, aber ich werde auch nicht einfach verlassen.
All die Menschen, die mir wichtig sind, können meine Wut auf irgendeine Art ertragen. Sie sind wohl irritiert, fühlen

sich angegriffen, ungerecht bewertet oder verstehen mich manchmal einfach nicht, doch bleiben sie für mich erreichbar und verfügbar.
Ich entdecke, daß meine Wut gar nicht so grenzenlos ist, daß ich auch immer eine Spur von Wärme empfinde, sehr wohl meine ungerechten Vorwürfe und überspannten Ansprüche wahrnehme, ich kann mich das eine oder andere Mal entschuldigen, wenn ich merke, wie verletzend ich gewesen bin.
Völlig verrückt ist das für mich, so ganz im Kontrast zu dem einmal Gelernten. In meiner Wut scheine ich echter, lebendiger zu sein, da fühle ich mich weniger getrennt von meinem Mann, meinem Kind, da lebt Beziehung nicht nur als Gewohnheit, als unabänderliches Muß.
Als ein Ekel, als Bösewicht erwache ich aus meiner Starre. Fühle ich mich weniger deprimiert, fällt das Aufstehen leichter, kann ich wieder Augen und Ohren öffnen für all das, was es in meinem Leben außer Jens noch gibt.
Im Nachdenken über das, was da so mit mir passiert, begreife ich, daß meine jahrelang an Ketten gelegte Aggressivität all meine Aktivität und Lebendigkeit blockiert hat, ein ewiges Hindernis auf dem Weg zu neuen Erfahrungen, die trennende Wand zwischen mir und den anderen, und ich weiß, bin mir zum erstenmal ganz sicher, hinter der Wut, hinter dem Haß gibt es noch etwas anderes, und ich weiß, es wird an mir liegen, zu entdecken, wer und was ich noch bin.
So als permanenter Bösewicht gefalle ich mir selbst nicht, es ist ja auch wieder nur die Hälfte der Wahrheit. Ich bin den ganzen Tag über nicht nur wütend oder ärgerlich, da schleicht sich schon ein Lächeln auf mein Gesicht, einfach so, weil die Welt eben nicht nur schwarz oder weiß ist.
Wie lange wird es noch dauern, bis ich mich wirklich von den alten Bildern, Gedanken und Vorstellungen befreien kann? Und was wird dann an die Stelle des Alten treten, mein Kopf würde das gerne vorwegnehmen, doch ich weiß, so funktioniert es nicht.

Ein Traum deutet die Antworten an, zeigt schon deutlicher den Weg, den ich auch später tatsächlich einschlagen werde:
Zusammen mit meinem Mann und Bekannten, deren Gesichter allerdings verschwommen bleiben, sitze ich im Flur unserer alten Wohnung. Vor mir steht mein alter rotlackierter Schrank, jener aus Kindertagen, im Bewußtsein längst vergessen, auf dem Müll gelandet. Vorsichtig öffne ich die Türen des Schrankes, ein etwas flaues Gefühl in der Magengegend, ich erinnere mich nicht mehr an den Inhalt und weiß nicht, was ich gleich in dem Schrank finden werde.
Unzählige Schachteln und Dosen fallen mir entgegen, große und kleine, bunte und farblose, graue, manche hübsch bemalt, andere zerbeult und zerkratzt.
Während die anderen Menschen um mich herum vertieft sind in ein Gespräch, beginne ich, die Schachteln und Dosen zu sortieren. Zwei Berge werden es mit der Zeit, auf einem all die, die mir nicht gefallen, deren Inhalt mich nicht mehr anspricht, auf dem anderen die, die ich auch jetzt noch interessant finde, die ich behalten und aufbewahren möchte. Unter letzteren befindet sich manche Schachtel, die noch ungeöffnet ist, deren Inhalt kennenzulernen mich reizt.
Alle Schachteln, die mir aufhebenswert erscheinen, klemme ich mir unter den Arm, ich werde sie mitnehmen. Mit dem Wunsch, den Flur samt Schrank und uninteressantem Inhalt zu verlassen, wende ich mich an meinen Mann und die Bekannten.
Nur mein Mann steht auf, reicht mir die Hand, und gemeinsam verlassen wir die alte Wohnung. Ich mit der Gewißheit, nie wieder dorthin zurückzukehren.
Aufgewacht, habe ich nicht viel Zeit, um mich mit dem Traum weiter zu beschäftigen, das ist auch nicht schlimm, er war in seinen Bildern so klar, daß ich glaube, mich jederzeit an ihn erinnern zu können. Was ich allerdings festhalte und in den Tag mitnehme, ist die Ruhe und Selbstverständlichkeit, die diese Szene begleitet hat, dieses *So ist es eben*.
In ihm schwingt so viel Hoffnung, besonders dort, wo mein

Mann mir die Hand reicht, meine Kindheit, das Sortieren der Schachteln, das bin ich allein, das muß ich schon selbst übernehmen, aber es heißt eben nicht, daß ich auf Dauer allein bin, beim Weggehen, Verlassen, beim Trennen werde ich Begleitung haben. Wenn ich das träume, wenn die Begleitung ganz deutlich mein Mann ist, dann kann meine Ehe nicht kaputt sein.

Auf einmal scheint mir wieder vieles möglich zu sein. Während ich aufräume, mich um Jens kümmere, überlege, was ich noch alles zu tun habe, beschäftige ich mich nun doch mit dem Traum.

Flur, Schrank, Schachteln und Dosen symbolisieren meine Kindheit, die Gegend, die Atmosphäre, die Gefühle und Erfahrungen. Entgegengefallen ist mir alles wohl doch mehr oder weniger seit Jens' Geburt. Seither sitze ich davor und sortiere, schaue mir an, schiebe weg, doch weitgehend chaotisch, eher dazu neigend, alles wegwerfen zu wollen, wenn ich auf etwas stoße, das ich heute als erwachsene Frau nicht mehr behalten möchte. Mir fehlt noch die Gelassenheit, womöglich die Sicherheit, daß dieses Sortieren für mich Chance und ein Weg in die Zukunft sein kann. Meist tendiere ich dazu, entweder alles in den Schrank zurückzupakken und ihn zu verschließen, oder aber alles auszusortieren, wegzuwerfen, so, als könnte ich noch einmal ganz von vorne und völlig anders anfangen.

Die Wahrheit liegt wohl darin, Gefühle und Erfahrungen, die ich mag oder die ich nicht einfach ändern kann, zu behalten, und die, die tatsächlich veraltet, sinnlos geworden sind, zu Vergangenheit werden zu lassen.

Ein einsames, langwieriges Stück Arbeit liegt da vor mir, vor dem ich auch Angst habe. Im Traum aber ist es lohnend, denn am Ende verlasse ich zusammen mit meinem Mann und einem Stapel von Schachteln und Dosen, die für mich Bedeutung haben, dieses Stück Vergangenheit und Kindheit.

Den Traum umzusetzen in Wirklichkeit – es wäre schön. Ich würde nicht länger Opfer eines scheußlichen Schicksals bleiben, Jens wäre nicht mehr nur der Verlust, ich könnte anfangen, ihn als eine Chance zu sehen, mit ihm lernen und verändern, nicht länger auf alten Gleisen fahren, neue entdecken und ausprobieren. Alles, was ich brauche, ist der Mut zum Sortieren, zum Loslassen, zum Auf-mich-Einlassen, was ist – und das ist verdammt viel. Nach diesem Traum wieder etwas optimistischer, möchte ich es wagen.

Nach all den Auseinandersetzungen mit mir selbst habe ich mir eine Pause verdient.
Deutlicher als noch vor ein paar Wochen spüre ich meine Erschöpfung und Kraftlosigkeit. Auf Dauer kann ich den anstrengenden Alltag mit Jens und die gleichzeitigen Ausflüge in mein Innenleben in dieser Konzentration nicht aushalten, ja es wundert mich sogar, daß ich es bis jetzt durchgehalten habe. Aber es ist keineswegs ein Wunder, es paßt in meine Selbsteinschätzung, mein Weltbild, es schien mir schon immer meine Bestimmung zu sein, zu leiden, extrem gefordert zu werden. Mit den Schatten zu leben, alle Dinge zu problematisieren, das kann zu einer Sucht, zu einem Spiel werden, auch darin läßt sich eine Identität aufbauen.
Sich selbst als unwert zu erleben, als eine Randfigur, vom Schicksal benachteiligt, falsch erzogen, ist schmerzhaft und lähmend auf der einen Seite, auf der anderen aber nährt so eine Einschätzung, so ein Erleben die Phantasie eigener, unbegrenzter Größe. Wäre alles anders, die Umstände weniger widrig, dann wäre ich viel besser, lebendiger, aktiver, erfolgreicher...
Eine Pause habe ich mir verdient, hier ist sie. Mit diesem Gedanken bricht nun endgültig all das Alte zusammen. Es kommt mir vor, als säße ich vor einem Trümmerhaufen.
So betrachtet, kann ich mich nicht länger bemitleiden oder als Opfer betrachten, ich empfinde weder Trauer noch Wut, ganz im Gegenteil, ich fange an zu lachen. Dabei fällt mir der Film *Alexis Sorbas* ein, vor allem das Ende: »Ich habe noch nie etwas so schön einstürzen sehen.«

Verrückt, verrückt, verrückt, hämmert es in meinem Kopf, das kann doch nicht wahr sein.
Für mich ist es wahr, soeben ist das Haus aus Gedanken und Gefühlen, das ich jahrelang bewohnt habe, eingestürzt.
Ich bin nicht die Strahlefrau, die, die alles kann und bewältigt, so wie ich mich gern sehen würde. Auf meinem Rücken trage ich alte, leidvolle Erfahrungen, die mich geprägt haben.
So bin ich eine Frau geworden, die sich selbst nicht mag, die ihr Leben eingerichtet hat auf der traurigen, grauen Seite, für die Selbstmitleid und quälender Zweifel am eigenen Wert so alltäglich geworden sind, daß sie es fast schon schön findet, so zu existieren.
Das soll ich sein? Ja, es ist ein Teil von mir, im Augenblick sicher überspitzt, aber auch das gehört zu mir, die Freude am Leiden, wenn es sonst schon nichts zum Freuen gibt. Was um Himmels willen taucht da schon wieder auf, langsam fange ich wohl doch an zu spinnen.
Nein, ich spinne nicht, ich entdecke nur meine Bereitschaft, Leiden und Verletzungen bereitwillig zu akzeptieren, praktisch als gerechte Strafe dafür, daß ich nicht so bin, wie ich sein sollte.
Aber so wie mein Haß nicht unbegrenzt war, schwächer wurde, nachließ, nachdem ich ihn entdeckt hatte und leben lassen durfte, so merke ich jetzt auch, daß meine Bereitschaft zum Leiden, zu ewigen Tränen und Selbstmitleid ihre Grenzen hat.
Es macht mir keinen Spaß mehr, mich als Opfer, als Randfigur und vom Schicksal betrogen zu fühlen. Ich möchte endlich leben, auch mit meinen Fehlern und Schwächen. Ich denke dabei auch an Jens, denke daran, daß er dann auch leben darf mit seinen Schädigungen.
Noch Jahre könnte ich damit zubringen, mit meinem Schicksal zu hadern, es hat aber keinen Sinn mehr für mich, es ist an der Zeit, Veränderung endgültig nicht mehr nur zu denken.
Um mich einmal auszuruhen und Abstand zu gewinnen,

plane ich 14 Tage Urlaub mit meinem Mann. Urlaub im Süden, Meer, Strand und den ganzen Tag Sonne, dringend nötig ist das für mich. Meine Mutter bietet uns an, zu uns zu kommen und Jens zu versorgen, während wir Urlaub machen. Jens kann so in seiner gewohnten Umgebung bleiben und hat es bei Oma bestimmt besser als bei mir. Ich bin einfach nur noch erschöpft.

Trotzdem, leicht fällt mir die Trennung nicht. Viel lieber würde ich Jens mitnehmen. Er ist in einem Alter, in dem er am Wasser spielen könnte... Jens kann es nicht.

So fahren wir allein, und es wird ein schöner, erholsamer Urlaub für uns beide.

Vierzehn Tage gehören allein Dieter und mir. Wir können in Ruhe frühstücken, überhaupt lange und ungestört essen, morgens ausschlafen, schwimmen, am Strand liegen, das Land erkunden, ohne Zeitdruck. Entspannt, lockerer als zu Hause können wir miteinander reden, auch über Jens. Endlich finden wir weniger verletzende Worte, können wir Trauer und Zukunftsängste teilen, Unterschiede stehenlassen.

Für mich ist es oft so, als würde ich meinen Mann erst jetzt kennenlernen. Ich muß seine Zärtlichkeit nicht mehr abweisen, genieße seine streichelnden Hände.

Die graue Maus bekommt Farbe, unter Spaniens Sonne wird sie braun, fühlt sich wieder als Frau, nicht mehr nur als Mutter, kann wieder lachen.

Alles ist ein bißchen wie früher und doch ganz anders. Das Schwimmen im Meer, der ruhige Ausklang des Tages bei einem Glas Wein, die untergehende Sonne, die langen Spaziergänge, vor knapp zwei Jahren eine Selbstverständlichkeit, werden in diesem Jahr zu etwas Besonderem, keineswegs Selbstverständlichem. Die Zeit, die Eindrücke sind kostbar nach allem, was wir in der letzten Zeit erlebt und durchlebt haben, alles andere als selbstverständlich.

Unsere Ausgelassenheit wird immer wieder einmal getrübt durch Gedanken an Jens, durch spielende, nichtbehinderte Kinder, durch komplette Familien am Strand. Dann werden

wir beide traurig, denken daran, daß unser Leben eben doch anders ist.
Doch inzwischen ist es eine Trauer, die auch wieder vergeht, die nicht mehr den gesamten Tag oder gar Urlaub verdirbt.
Deutlich spüre ich Veränderung, nicht nur, weil ich weit weg bin von zu Hause, sondern weil meine Gefühle auch allmählich eine andere Qualität bekommen, weniger heftig, weniger chaotisch, etwas selbstverständlicher.
Die Trauer wird wohl ein Teil meines Lebens werden. Vor allem immer dann, wenn ich daran erinnert werde, was möglich sein könnte, wenn Kinder am Strand spielen, mit ihren Eltern toben. Dann sind schlagartig Jens und die mit ihm verbundenen Verluste wieder da, werde ich wieder nachdenklich.
Inzwischen kann ich aber auch abschalten und loslassen, muß nicht ständig an Jens denken.

Ein gewagter Schritt macht wieder Mut: Jens soll ohne Medikamente leben

Es war eine gute Idee, Urlaub zu machen. Ich weiß, daß es zu Hause wieder weniger harmonisch sein wird, nehme aber viel mit zurück. Die Freude darüber, daß ich abschalten konnte, daß zwischen Dieter und mir wieder mehr an Liebe und Zärtlichkeit, auch an Verständnis leben konnte, die Erfahrung und das Bewußtsein, daß mein, unser Leben, und sei es nur für begrenzte Zeit, wieder leichter und freundlicher sein kann.

Dabei hatte ich Wochen vor unserem Urlaub befürchtet, ich würde das nicht ertragen können, nicht wieder nach Hause wollen, wenn ich erlebe, daß ein Tag auch anders verlaufen kann als in Hektik und Sorge.

Ohne Trübsinn nehme ich Abschied vom Meer, von der Zeit ohne Jens. Ich fahre gern zurück, zurück zu Jens. Dieter empfindet ähnlich. Wir möchten unseren Sohn wieder auf den Arm nehmen, wissen, wie es ihm geht – er gehört zu uns.

Wieder daheim, ergreift der Alltag sehr schnell von uns Besitz, und die Erholung hält nicht lange vor.

Aus der Entfernung Jens gern zu haben, ist so viel leichter, als nun wieder nachts und morgens von seinem Gebrüll geweckt zu werden, wieder mit seiner Unbeweglichkeit und seinen Krämpfen konfrontiert zu werden. Schon bald sind die Tage wieder endlos lang und schwer, besonders ich leide darunter. Dieter hat mehr Ablenkung durch Studium und Prüfungen.

Im regnerischen Herbstwetter verblaßt die Bräune und mit ihr schwinden Freude und das Empfinden, daß es auch anders sein kann als anstrengend.

Wieder einmal nähern sich die Krakenarme, verlassen mich Hoffnung und Mut. Doch ich spüre es früher, gleite nicht

einfach ab, kann die Flut aus Traurigkeit stoppen, bevor ich unterzugehen drohe.
Es ist nicht die Arbeit, sind nicht die immer wiederkehrenden Handgriffe, die mich so traurig machen, es ist die Tatsache, daß Jens trotz aller Bemühungen scheinbar keinen Fortschritt macht, daß ich noch immer das Gefühl habe, daß er das Leben nur als Bedrohung empfindet. Wenn er wenigstens einmal lächeln würde oder ansatzweise so etwas wie Neugier an irgendwas zeigen würde. Aber nichts geschieht.
Woran mag es nur liegen, eine Frage, die mich ständig beschäftigt.
Ab und zu verfolgte mich schon der Gedanke, ob Jens' Apathie nicht mit den Medikamenten zusammenhängen könnte. Auch Dieter fand dies keineswegs abwegig, aber weiter darüber nachgedacht haben wir selten.
Wie es der Zufall so will, gibt es gerade zu der Zeit, in der ich mich mit dieser Überlegung erneut auseinandersetze, eine Diskussion im Fernsehen über Epilepsie.
Zwei Aussagen machen mich mehr als nachdenklich. Im Zusammenhang mit der medikamentösen Behandlung wird unter anderem auch angesprochen, daß im Einzelfall erst das Medikament Anfälle auslöst bei Patienten, die die Bereitschaft zu Anfällen haben. Es ist also durchaus denkbar, daß der Betroffene ohne Medikament keinen Anfall bekommen hätte. Und weiter wird angedeutet, daß spätere Verhaltensauffälligkeiten wie Interesselosigkeit, Müdigkeit oder Verträumtsein wohl Reaktionen auf einen Anfall sein können, aber auch Nebenwirkung eines Medikaments.
Für mich heißt das beim Weiterdenken, daß unsere Beobachtungen an Jens und unsere Gedanken überhaupt nicht abwegig waren. Es könnte durchaus sein, daß Jens so stark krampft, weil er ständig Medikamente gegen die Krämpfe bekommt, er also anders reagiert als die Mehrzahl der Patienten. Ebenso wäre es nicht ausgeschlossen, daß seine Teilnahmslosigkeit hervorgerufen, zumindest aber verstärkt

wird durch das Medikament. Wie sonst ließe sich erklären, daß Jens weiterhin unvermindert krampft.
Wie wäre es, würde Jens keine Medikamente bekommen? Eine heikle Frage, die ich da stelle. Doch einmal gestellt, bekomme ich sie nicht mehr aus meinem Kopf.
Lange spreche ich mit Dieter darüber. Unsere alten Zweifel an Jens' Behandlung haben wieder Nahrung bekommen, und jetzt denken wir beide, daß wir eine Entscheidung treffen müssen. Das Hin und Her, die Halbherzigkeit, mit der wir Jens all das verabreicht haben, was angeblich gut für ihn ist, macht uns beiden zu schaffen.
Nur, auf welcher Basis können und wollen wir eine Entscheidung treffen?
Von Anfang an hat Jens Medikamente bekommen, damit er nicht krampft. Jeder Anfall, so wurde uns erklärt, bedeute für ihn eine weitere Belastung des ohnehin geschädigten Gehirns, weiteren Verlust noch nicht geschädigter Zellen und im Extremfall sogar seinen Tod. Krampfte Jens trotzdem, so war noch nicht das für ihn richtige Medikament gefunden, also bekam er ein neues. Jedoch ohne Erfolg: Nur immer vorübergehend, ein paar Tage, bis Jens sich an das andere Medikament gewöhnt hatte, traten die Anfälle nicht so oft auf, oder aber sie veränderten ihre Erscheinungsform.
Warum das so war, noch immer so ist, darauf konnte uns kein Arzt eine Antwort geben.
Plötzlich ist meine ganze Wut auf die medizinische Versorgung wieder da, die Erinnerung an all die Termine und Behandlungen, die vielen unbeantworteten Fragen, die Ratlosigkeit auch in den Gesichtern der Ärzte, versteckt hinter medizinischem Vokabular, ausweichenden Worten.
Warum suche ich noch immer dort eine Antwort, weiß ich doch längst, daß ich keine finden werde. Einer der Arztbesuche fällt mir wieder ein. Damals ging es darum, daß Jens alle, aber auch alle Scheußlichkeiten bei sich versammelt hat. Es stand fest, daß ein Teil seines Gehirns durch die Hirnblutung unwiderruflich zerstört ist, dann stellte sich heraus, daß sein Kopf nicht normgerecht wuchs, was darauf

hindeutete, daß nicht mehr viel an Wachstum und Ausgleich zu erwarten ist, und dann noch die Anfälle mit weiterem Verlust an Gehirnzellen. Angesichts dieser Tragödie stellte ich eine naive Rechnung auf. Da Jens ohnehin wenig Gehirn hat, das Wachstum auch vermindert ist und er täglich mehr an Gehirnsubstanz verliert, so mein Gedankengang, wenn ich richtig verstanden hatte, dann dürfte er nicht allzu lange leben, es würden doch rein theoretisch immer mehr funktionsfähige Bereiche in seinem kleinen Kopf ausfallen, bis einfach nichts mehr da ist.

Dies alles erzählte ich dem behandelnden Arzt, gemeint als Frage, ob das überhaupt vorstellbar sei.

Die Antwort: Ja, darüber habe ich noch nie nachgedacht.

Es war ein Arzt, der täglich behinderte Kinder untersucht und beobachtet, Kinder mit Hirnschädigungen.

Vielleicht war meine Frage damals dumm und unbeantwortbar, menschliche Entwicklung läßt sich nicht auf mathematische Formeln reduzieren, und Logik allein reicht nicht aus, um eine Behinderung zu charakterisieren.

Aber sie war da als Versuch, den Ärzten etwas mehr als Begriffe zu entlocken. Ohne Erfolg, die Antwort war einer Ohrfeige gleich. Ich könnte platzen vor Wut, statt Hilfe und Verständnis immer dieses Ausweichen, diese uneingestandene Hilflosigkeit und als Trost ein Rezept oder Therapievorschlag. Das alles wäre noch nicht mal so schlimm, wäre da nicht in jedes Rezept, jeden Rat ein Gespenst eingepackt, das Gespenst der Angst.

Handle ich als Mutter nicht nach den Anweisungen, weil sie uneinsichtig bleiben und ohne Garantie sind, so ist das nun mal, dann droht meinem Kind Verschlechterung seines Befindens. Ihm geht es zwar ohnehin nicht besonders gut, aber ohne Medikamente, ohne Therapie...

Was wäre ohne, was könnte passieren, auch da keine einleuchtende Antwort, auch keine Überlegung, es einfach mal auszuprobieren, denn das Risiko ist zu groß.

Vielleicht ginge es Jens besser, aber diese Frage stelle ich

den Männern in Weiß nicht mehr, ich bin zu wütend, zu enttäuscht.
Die Frage aber bleibt, tagelang beschäftigt sie Dieter und mich. Wie würde sich Jens verhalten und entwickeln, bekäme er kein Medikament mehr? Wir haben darüber keine Erfahrung, Jens hat ja nie ohne Medikamente gelebt. Wird sich sein Zustand verschlechtern, wird er noch steifer, teilnahmsloser, besteht das Risiko, daß er stirbt. Wenn wir den kleinen Kerl betrachten, wie er eingemauert in seiner eigenen, uns so unzugänglichen Welt verharrt, weint und schreit bei jeder Veränderung, was kann man, was können wir da verderben?
Mehr als einmal fragen wir uns das. So wie Jens gegenwärtig lebt, ist es nicht nur für uns eine Anstrengung, auch für ihn heißt es, jeden Tag von Krämpfen geschüttelt zu sein, Schmerzen zu haben, weinen zu müssen und vor Erschöpfung einzuschlafen. Kann es eigentlich noch schlimmer werden? Jens im Arm haltend, entscheiden wir uns, alles aufs Spiel zu setzen, zu riskieren, daß Jens eventuell auch stirbt, und beginnen, die Medikamente langsam abzusetzen.
Für mich ist es der wichtigste und entscheidendste Schritt in die Zukunft, aber auch der schlimmste und bedrohlichste. Tage, Wochen kann ich kaum schlafen, tanzen tausend widersprüchliche Gedanken durch meinen Kopf, denn ich kann nicht einschätzen, was auf mich zukommen wird.
Jens zeigt zunächst keinerlei Reaktion auf die Reduzierung der Medikamente, verhält sich wie gewohnt, krampft nicht mehr und nicht weniger als bisher.
Aber was ist morgen, was ist übermorgen? Für mich beginnt der Kampf mit dem Gespenst Angst. Zunächst ist da die ganz reale Angst, daß tatsächlich passieren könnte, was Ärzte angedeutet haben, daß sich Jens' Gesamtbefinden verschlechtert oder er irgendwann so heftig krampft, daß er dabei stirbt. Wie werde ich damit fertig werden können, und welchen Weg kann ich dann einschlagen?
Zu dieser Angst gesellt sich eine weitere, die mich noch mehr bedroht:

Erst im nachhinein wird mir so richtig bewußt, daß ich mich mit dieser Entscheidung weit von dem entfernt habe, was ich einmal gelernt hatte.
Mit Dieters Unterstützung habe ich die Verantwortung für unser Kind übernommen. Ich bin meinen Gedanken, Überlegungen und Gefühlen gefolgt gegen ärztliche Autorität. Für andere Menschen mag das nicht außergewöhnlich sein, für mich ist das die erste aktive und direkte Kampfansage an Autoritäten überhaupt. Und schon überfällt mich wieder die Vergangenheit. Autoritäten sind für mich unangreifbare Größen, an denen ich zwar, soweit meine Erinnerung reicht, zweifelte, die ich still für mich in Frage stellte, manche, die ich einfach blöd fand, aber irgendwie blieben sie tabu, unantastbar.
Ich fand Nischen, in denen ich eigene, abweichende Gedanken ausbrütete oder unerwünschte Gefühle, aus Trotz mißachtete ich Ge- und Verbote, aber es blieben da immer Angst und Schuldgefühle. Es gab keine wirkliche Auseinandersetzung, nur Gehorsam oder Trotz.
Jetzt breche ich aus aus diesem Klischee. Ich gehorche nicht, indem ich nicht mehr bereitwillig das tue, was andere für richtig erachten, ich bin aber auch nicht trotzig, stelle nicht die ganze Medizin oder ärztliches Können total in Frage.
Ich sage *nur*, in bezug auf mein Kind halte ich die bisherige Therapie nicht mehr für sinnvoll.
Seltsam, ich reagiere erwachsen, empfinde das auch so, weiß, daß meine Entscheidung lange überlegt und gewachsen ist, nicht spontan aus einer Laune heraus, und komme fast um dabei vor Angst.
Wenn meine Gefühle, Wahrnehmungen und Gedanken nun falsch waren, was dann? – Genau das ist es, ich trage ganz allein die Verantwortung, niemanden würde ich im Falle des Scheiterns verantwortlich machen können, keinem die Schuld zuweisen, nicht mehr mich damit herausreden können, ja, wenn es anders wäre, der oder jener anders entschieden hätte.
Ganz schwindelig wird mir beim Weiterdenken. Ich habe

mir selbst den Boden unter den Füßen weggezogen. Diese Entscheidung reicht viel weiter, als ich bisher ahnte.
Freuen sollte ich mich, endlich habe ich doch erreicht, was ich immer wollte, Verantwortung für mich und Jens' Leben zu übernehmen, endlich erwachsen zu werden. Doch das Ganze hat eine Kehrseite:
Es ist einfacher, die Verantwortung anderen zu überlassen, auch um den Preis, ewig ein Kind zu bleiben. Böse Eltern, unsensible Ärzte, erhobene Zeigefinger lassen sich so schön beschimpfen. Sie sind schuld daran, daß ich nicht die bin, die ich gerne wäre, sie verhindern ein besseres, selbstbestimmtes Leben, auf sie kann ich wütend sein, ohne wirklich etwas ändern zu müssen. Alles kann bleiben, wie es ist, auch wenn ich darunter ab und zu leide, aber ich kenne genug Tricks, um es doch noch irgendwie angenehm für mich zu gestalten. Ich kenne mich aus im Trotzigsein, im Verstecken, im Beweinen und Bemeckern, vertrautes Gebiet, das ich zu verlassen dabei bin.
Woher nehme ich denn auf einmal den Eigensinn, alle alten Warnungen fallen mir wieder ein, ungestraft kann das doch nicht bleiben, wenn ich ganz alleine über das Leben meines Kindes entscheide.
Das Erwachsensein habe ich mir anders vorgestellt, befreiend; daß es mit so viel Angst und Unsicherheit verbunden ist, irritiert mich. Ich begreife zunächst nicht, was sich in mir abspielt.
Mehrere Nächte hintereinander träume ich, daß ich mit einigen Menschen um einen Tisch herum sitze. Ich bin viel kleiner als die anderen, vor denen ich Angst habe, die sich so ähnlich sehen, deren Gesichter ich nicht unterscheiden kann, die mir bekannt, aber ohne Konturen erscheinen. Heftig diskutiert wird an diesem Tisch, für mich allerdings ohne Sinn, ich höre nur zu, ohne zu verstehen.
Dieses Bild bleibt lange, aber die Größenverhältnisse verändern sich mit der Zeit. Ich werde größer, die anderen kleiner, auch rede ich ab und zu mit, ziemlich laut und mit wütender Stimme, so wie ich es oft in der Realität tue, wenn ich

etwas für mich beanspruche, mit dem Gefühl allerdings, daß es mir nicht wirklich zusteht, dann klingt mein Wunsch immer aggressiv, biestig, provoziert Widerspruch.
Doch auch das verändert sich im Traum mit der Zeit, meine Einwände und Beiträge werden ruhiger, bestimmter, gleichzeitig bin ich ebenso groß oder klein wie die, die mit mir am Tisch sitzen, die Atmosphäre entspannt sich, die Gespräche verlaufen weniger heftig.
Am Ende, während ich den Traum ein letztes Mal träume, habe ich das Gefühl, jetzt reicht es, jetzt kannst du die Runde verlassen, es gibt nichts mehr zu sagen.
Neben anderen möglichen Interpretationen erkenne ich in diesem Traum den Grund für meine Angst, meine Unsicherheit.
Alles mögliche habe ich gelernt, nur eines nicht, mich auf eine souveräne Art und Weise mit Ereignissen und Ideen auseinanderzusetzen, mir anzuschauen, anzuhören, welche Wege und Möglichkeiten es im Leben so gibt, zu vergleichen mit meinen eigenen Erfahrungen, Gedanken und Gefühlen, Gemeinsamkeiten und Trennendes festzustellen und zu erfahren sowie eine eigene, ganz persönliche Konsequenz zu ziehen, eine, mit der ich leben kann, auch unabhängig vom Urteil anderer Menschen oder vorgegebener Lebensformen.
Kein Wunder also, daß ich Angst habe vor dem, was jetzt kommt, da ich Gewohntes verlasse. Für mich ist es wie eine Reise in ein fernes Land mit fremder Kultur und unbekannten Menschen.
Ohne mir so richtig darüber bewußt zu sein, habe ich einen Teil der unsichtbaren Fäden, an denen ich bisher hing, die mich verärgert und gebremst haben, durchtrennt.
Mit Jens ist noch einmal meine Vergangenheit, meine ganz persönliche Geschichte auferstanden. Erfahrungen und Gedanken, die ich längst bewältigt zu haben glaubte, wurden noch einmal lebendig in ihrer ganzen Macht und scheinbaren Ausweglosigkeit.
Dafür habe ich Jens gehaßt, ihn mir lieber tot als lebend

gewünscht. All die Wut, die Trauer und Hilflosigkeit schienen mir unmöglich ertragbar, zu grenzenlos, um damit umgehen zu können. Noch einmal fallen mir die alten Bilder ein, die Ermahnungen, Ge- und Verbote:

Sei nett, rücksichtsvoll, nicht wütend, liebe deine Eltern, liebe deinen Bruder, lerne, leiste etwas, laß dich nicht gehen, sei vernünftig und versuche ja nicht zu mogeln, wir kommen dir auf die Schliche, besonders einer, der liebe Gott, denn der sieht alles...

Oh, ihr Eltern, ihr Lehrer und Pfarrer, wißt ihr eigentlich, was ihr mir da mit eurer Moral und Erziehung angetan habt, welchen Krüppel ihr da ins Leben geschickt habt?

Seht sie euch an, die Frau ohne Rückgrat, die umherflattert wie ein Blatt im Wind, gequält von Gefühlen und Ideen, die sie eigentlich nicht haben sollte, hilflos und nackt irrt sie umher im Dschungel der Widersprüche, noch immer verzweifelt auf der Suche nach einer Hand, die sich ihr rettend entgegenstreckt.

Und noch einmal überfallen mich Wut und das Gefühl schicksalhafter Ausweglosigkeit. Was hat es mir gebracht, die Schatten der Vergangenheit anzuschauen, mit ihnen zu kämpfen, immer und immer wieder bis zur Erschöpfung?

Ihr Sog ist nach wie vor so stark, daß ich noch immer Angst vor eigenen Entscheidungen habe, wachsendes Selbstbewußtsein und das Horchen auf meine Gefühle als überheblich, mir nicht zustehend erlebe, ständig bereit, mich wieder zu ducken, aufzugeben, wenn ich nicht jubelnde Zustimmung erfahre.

Wird das denn nie aufhören? Doch, es hat schon aufgehört, nicht mit Donner und Paukenschlag, nicht als die große Befreiung und die totale Veränderung hin zu sprudelnder Freude und Leichtigkeit. Nein, ganz langsam und immer wieder verschüttet von Altem ist da auch etwas Neues gewachsen.

Jens ist nicht mehr das unbegreifbare steife Etwas, das unerwünschte und gehaßte behinderte Kind.

Inzwischen sind Wochen vergangen, Jens bekommt nun

kein Medikament mehr. Sein Befinden hat sich dadurch nicht verschlechtert, und woran ich zunächst selbst nicht so ganz glauben konnte, er krampft weniger als bisher. Pausen von zwei, manchmal mehr Tagen treten auf, in denen er ruhiger und lebendiger wirkt als in den vergangenen Tagen und Wochen. Er schreit weniger, gerät nicht mehr so oft in Panik.

Mißtrauisch, wie ich nun einmal bin, denke ich zunächst an Einbildung, daran, daß ich etwas sehe, was ich gern sehen möchte. Doch mit jedem Tag werde ich etwas sicherer und zuversichtlicher, wächst meine Gewißheit, mir diese Veränderung nicht einzubilden. Auch meine Angst nimmt ab, das befürchtete dicke Ende ist nicht in Sicht, ganz im Gegenteil, Jens scheint sich zu erholen, so, als begänne er erst jetzt zu leben.

Was ja eigentlich auch stimmt. Der Alltag mit Jens ist nicht einfacher geworden, er hat sich auch in seinem Ablauf nicht wesentlich verändert, aber er hat sich entkrampft. Seit ich Jens keine Medikamente mehr gebe, entfallen auch viele Untersuchungen zur Kontrolle und Überwachung, keine Fahrerei mehr, kein endloses Warten, nicht mehr die beständige Hetze von Termin zu Termin und das immer wiederkehrende Erlebnis, nur ein so geschädigtes Kind vorzeigen zu können. Was für eine Befreiung ist das für mich, wesentlich ungezwungener, mit weniger Druck kann ich Jens jetzt versorgen und endlich anfangen, für ihn einmal ganz Mutter zu sein.

Schüchtern nähere ich mich meinem Kind, versuche die Welt aus seiner Perspektive zu sehen. Wie ist es, auf dem Boden zu liegen, sich nicht richtig bewegen zu können, den Kopf nicht drehen, die Blickrichtung nicht verändern zu können? Anstrengend und langweilig, für mich keine zehn Minuten durchzuhalten, Rücken, Arme und Beine tun mir weh, sehen kann ich auch nicht, was um mich herum geschieht.

Es muß für Jens sehr trostlos sein. Ich kann wieder aufstehen, mich beschäftigen. Jens kann das nicht, kann seinen

Unmut auch nicht mitteilen, außer durch Schreien, und ist so darauf angewiesen, jemanden zu haben, der sich in ihn hineinversetzen kann, ihm möglichst verschiedene Perspektiven durch Lageveränderungen anbietet.
Viel hilfloser als jedes andere Kind, selbst hilfloser als ein Baby ist er, kann nicht mit Beinen oder Händen spielen, nicht nach einem Gegenstand greifen, Getrenntsein, allein sein muß für ihn einfach etwas Fürchterliches sein.
Warum kann ich das erst jetzt wahrnehmen, warum habe ich mich nicht früher zu ihm auf den Boden gelegt und versucht, ansatzweise so wie er zu sein? Schuldbewußt halte ich Jens im Arm, was bin ich nur für eine Mutter!
Halt, da sind sie wieder, die alten Selbstvorwürfe. Mensch, Frau, denk doch mal darüber nach, du konntest nicht von Anfang an die einfühlsame, verstehende Mutter sein. So etwas ist nicht einfach angeboren. Denk an deinen Schmerz, an die Verzweiflung, den Schock, ein behindertes Kind geboren zu haben, denk an all die Erinnerungen, denke an den Streß, die Ungewißheit und Unsicherheit des ersten Jahres. Denk an die vielen Wartezimmer, an die Probleme in deiner Ehe, an die vielen Zwänge, die plötzlich vor dir standen, und dann denke auch einmal daran, was du in all der Zeit geleistet hast, daß du nicht davongelaufen bist, daß du gekämpft hast bis an die Grenze des dir Möglichen. Denke ein einziges Mal daran, daß du kein Nichts bist, sieh doch endlich, daß du gar nicht so schwach und ausgeliefert bist, wie du immer glaubst. Du hast dich fallenlassen, sicher erzwungenermaßen, hast getobt, geweint, mutlos und verzweifelt bist du durch den Sumpf ungeliebter Gefühle gewatet, immer mit der Angst, unterzugehen.
Aber du bist nicht untergegangen, ziemlich lebendig sitzt du neben deinem Kind, hast es und dich selbst rausgeholt aus einer Welt, die mindestens ebensowenig wie du ertragen konnte, daß da ein kleiner Mensch lebt, der nicht reinpaßt, weil er auf Grund seiner Behinderung nicht so einfach manipulier- und anpaßbar ist an bestehende Normen und Vorstellungen.

Verändere einmal im Leben deinen Blickwinkel, sieh nicht nur immer das Fehlende, sieh auch einmal das, was vorhanden ist. Du bist dir und deinem Kind viel näher gekommen, bist sensibler, gefühlvoller geworden, wann endlich willst du zur Kenntnis nehmen, daß es wirklich kein Schwarz oder Weiß gibt, daß neben Wut und Verzweiflung in dir auch sehr viel an Wärme, Liebe und Kraft lebt, daß du selbstbewußt sein und Verantwortung übernehmen kannst.
Und gibt dir dein Kind nicht recht, bestätigt es dich nicht, wenn es immer seltener krampft, hin und wieder seinen Kopf auf der Schulter ruhen läßt, sich nicht wegdreht, steif macht, wenn es sich wieder von dir streicheln läßt, deine Hände es nicht mehr erschrecken?
Irre, wie ich mir da Mut mache, mit mir selbst spreche, ich muß lächeln. Das Lächeln verwandelt sich in Lachen, du meine Güte, bin ich eine verrückte Nudel, wie eine Mama ihr Kind lobe ich mich. Und verdammt noch mal, ich habe allen Grund dazu.
Zwei Jahre nach Jens' Geburt habe ich ihn und mich endlich zur Welt gebracht, habe mich durch Angst und Schrecken hindurchgearbeitet, mühsam Schritt für Schritt und bin damit auch längst noch nicht fertig. Noch sehr schwach ist mein Selbstbewußtsein, die Verantwortung, die ich übernommen habe, lastet noch schwer auf meinen Schultern, Schuldgefühle und Zweifel lauern im Hintergrund auf ihre Chance, mich wieder in Besitz zu nehmen. Sollen sie doch wiederkommen, auch die Schatten, plötzlich machen sie mir keine Angst mehr, fühle ich mich stark genug, ihnen in Zukunft zu begegnen.
Nachts träume ich, daß ich auf einem großen Schulhof stehe, allein in einer der vielen Ecken. Um mich herum Schüler und Lehrer. Ich spüre, wie ich dazugehöre, aber mit viel Distanz, räumlich und innerlich. Plötzlich, ganz unvermittelt saust ein kleines wuscheliges Tier, halb Maus, halb Hund, also ziemlich undefinierbar, über den Schulhof. Erstaunt, etwas verwundert, etwas lächelnd schaue ich dem kleinen Tier zu, wie es da so rumflitzt, bis ich merke, daß es Angst

hat, keine rechte Orientierung, und sich schließlich traurig und verschüchtert hinter einem Tisch versteckt. Außer mir scheint das keinem der Anwesenden aufgefallen zu sein. Langsam bewege ich mich auf die wuschelige Hundemaus zu, sie gefällt mir, und ich möchte ihr helfen, sie aus ihrem Versteck zu befreien. Sie sieht so aus, als wolle sie gern wieder umherlaufen, traut sich aber nicht.
Bereitwillig läßt sie sich von mir aufheben, sie ist ein wirklich liebes, kuscheliges Tier mit großen, offenen Augen.
Behutsam halte ich die Hundemaus in meinen Händen, gehe mit ihr an einem Spalier von Lehrern, das sich auf einmal vor uns gebildet hat, vorbei, gehe auf die einzelnen Personen zu und erkläre dem Tier, daß dies auch nur Menschen seien. Auch wenn sie nicht zugeben würden, daß sie Fehler hätten, so hätten sie sie doch auch. Sie, die Hundemaus, und ich bräuchten keine Angst zu haben. Wohlig kuschelt sich das Tier in meine Hand, schaut mich mit seinen Kulleraugen an. Es hat verstanden, im Schutz meiner Hand braucht es keine Angst zu haben, muß sich nicht verstecken.
Heiter, gelöst, voller Ruhe erwache ich aus diesem Traum. Ich habe gefunden, beinahe zufällig, schon nicht mehr recht daran glaubend, was ich immer gesucht habe – ich habe mich gefunden. Die kleine wuschelige Hundemaus, noch ängstlich und schutzbedürftig, das ist mein Selbst, sind meine Gefühle, meine Gedanken, die über die Schulhöfe irren, ein bißchen undefinierbar, schüchtern und nicht in Schubladen zu packen, dennoch vorhanden und sogar liebenswert.
Halt, was habe ich da soeben gedacht – liebenswert?
Die alten Schatten blähen sich noch einmal gewaltig auf, so schnell geben sie sich nicht geschlagen. Nennst du das liebenswert, deine Wut, deine Tränen, die Verzweiflung, deinen Trotz, dein tagelanges, vernageltes Schweigen...?
Ja, ich nenne es liebenswert, weil ich endlich all das als zu mir gehörend akzeptieren kann.
So? Du wärst doch gern eine andere, das hast du doch oft genug betont...
Stimmt, nur – ich bin es nicht, ich bin wütend, traurig und

verletzt, hadere mit meinem Schicksal, sehe und erlebe so viele Widersprüche. Und ist das denn so schlimm?
Natürlich, schau dich doch an, wie du von einer Ecke in die andere geworfen wirst, mal bösartig die Stacheln zeigend, mal schmollend in dich zurückgezogen, ein schönes Selbst ist das, zum Lachen...
Nein, es ist nicht zum Lachen, ich empfinde es eher als ziemlich traurig, aber hört gut zu, ihr Schatten, ihr mahnenden, mäkelnden Richter im Hintergrund, ihr seid dabei, eure Macht zu verlieren.
Ihr seid mir ein Leben lang angeboten worden, um alles Verbotene, andere und Unerwünschte auf Distanz zu halten. Ich habe an euch geglaubt, ständig gehofft, eines Tages doch noch passend werden zu können, nicht besonders erfolgreich, wie ich jetzt sehen muß.
Es gibt das andere, Unpassende, mein Kind ist dafür der lebende Beweis. Und nicht nur mein Kind, auch meine Unzulänglichkeiten und Ängste sind es.
Ich nehme es endlich zur Kenntnis und damit gleichzeitig eine neue, andere Erfahrung, die euch überflüssig macht. Keines der früher ungeliebten, verdrängten Gefühle ist so mächtig gewesen, daß ich nicht hätte den Alltag weiter bewältigen können.
Meine Wut hat nicht dazu geführt, Jens total zu vernachlässigen, mich nicht mehr um ihn zu kümmern, ihn einfach links liegenzulassen, weil er nicht der ist, der er sein sollte.
Meine Tränen, wenn sie flossen, haben uns nicht erstickt, meine Hilflosigkeit endete nicht im fatalistischen Gleichmut, daß doch nichts zu ändern sei. Ich bin nicht im Chaos versunken, kein unberechenbarer Drache geworden.
Das alles lebte nur in meiner Phantasie. Solange nie sein durfte, was ist, ich verdrängen mußte, konnte ich mir nichts anderes vorstellen als Untergang, wenn ich meinen Empfindungen nachgehe, ihnen Gestalt verleihe. Die Realität spricht eine andere Sprache, die Katastrophe ist ausgeblieben.

Dafür habe ich etwas gefunden, das in meinem Kopf als eine mögliche Wahrheit schon lange existiert hat – erst im Erkennen des eigenen Andersseins, Abweichen von Normen und Regeln, dem Erkennen der eigenen Fehler und Schwächen, habe ich Zugang gefunden zu dem Anderssein meines Kindes, zu seiner Wut, Trauer und Hilflosigkeit.
Etwas mehr als bisher darf Jens das kleine Ungeheuer sein, das so viel schreit, sich wehrt, steif macht und mich noch immer an den Rand der Verzweiflung bringen kann.
Der Druck, ihn beruhigen zu müssen, ihm endlich normale Reaktionen zu entlocken, und sei es mit Gewalt, hat an Stärke verloren.
Jens, hallo, da bist du wieder in meinen Gedanken. Fast hätte ich dich vergessen, so beschäftigt war ich mit mir selbst. Aber es war nötig, du kleiner Mann, ungewollt hast du es provoziert, hast meine Vergangenheit wieder auferstehen lassen, alte, unbewältigte Konflikte, die sich zwischen uns gemogelt und uns so lange getrennt haben.
Ich denke, damit ist es jetzt vorbei. Nicht, daß ich nun alles im Griff hätte, nein, Jens, du hast immer noch eine verrückte Mutter, die mit sich selbst, ihrer eigenen Geschichte, mit Phantasien und Gespenstern zu kämpfen hat, eine Mutter, die dich abwechselnd liebt und haßt, die dich mal versteht und ein anderes Mal wieder nicht, die dich mal vorzeigen, mal verstecken möchte, eine Mutter, die so anders ist, als sie sein wollte, mit einem Kind, das so anders ist, als es sein sollte.
Doch es darf jetzt so sein, ich kann meine Vergangenheit anschauen, darf wieder fühlen, ich darf etwas mehr die sein, die ich nun mal bin, und so darfst auch du etwas mehr der sein, der du nun mal bist, die Mauer zwischen uns beginnt zu schrumpfen.

Zeit für Kinder

Ekkehard
von Braunmühl
Zeit für Kinder
Band 11531

Elias Canetti
**Die gerettete
Zunge**
Geschichte
einer Jugend
Band 11532

Martin Dornes
**Der kompetente
Säugling**
Die präverbale
Entwicklung des
Menschen
Band 11533

Petra Dreyer
**Ungeliebtes
Wunschkind**
Band 11534

Hubert Fichte
Das Waisenhaus
Roman
Band 11535

William Golding
Herr der Fliegen
Roman
Band 11536

Marianne
Grabrucker
**»Typisch
Mädchen...«**
Prägung in den
ersten drei
Lebensjahren
Ein Tagebuch
Band 11543

Helga Häsing (Hg.)
**Unsere Kinder,
unsere Träume**
Band 11537

Jana
Halamičková (Hg.)
**Die Kinder
dieser Welt**
Gedichte aus zwei
Jahrhunderten
Band 11538

Torey L. Hayden
Kevin
Der Junge, der nicht
sprechen wollte
Band 11539

Eugen Jungjohann
Kinder klagen an
Angst, Leid
und Gewalt
Band 11540

Claudia Keller
Der Flop
Roman
Band 11541

Fischer Taschenbuch Verlag

Zeit für Kinder

Ursula Köhler (Hg.)
Kinderleben
Dichter erzählen von Kindern
Band 11542

Mary MacCracken
Charlie, Eric und das ABC des Herzens
Außenseiter im Klassenzimmer
Band 11544

Margaret S. Mahler/ Fred Pine/ Anni Bergman
Die psychische Geburt des Menschen
Band 11545

Ulrike Millhahn
Von der Schwierigkeit, eine gute Stiefmutter zu sein
Band 11546

Neil Postman
Das Verschwinden der Kindheit
Band 11547

Barbara Sichtermann
Leben mit einem Neugeborenen
Ein Buch über das erste halbe Jahr
Band 11548

Daniel Widlöcher
Was eine Kinderzeichnung verrät
Methode und Beispiele psychoanalytischer Deutung
Band 11549

Hans Zulliger
Die Angst unserer Kinder
Band 11550

Fischer Taschenbuch Verlag

1 b

Ratgeber: Leben mit Kindern

Ekkehard von Braunmühl
Zeit für Kinder
Band 6705

Ingeborg Bruns
Das wiedergeschenkte Leben
Tagebuch über die Leukämieerkrankung eines Kindes
Band 3247

Elisabeth Dessai (Hg.)
Wohnen mit Kindern – heute und morgen
Band 3367

Beate von Devivere
Umweltschutz für Kinder
Thema: Radioaktivität
Band 4125

Martin Dornes
Der kompetente Säugling
Die präverbale Entwicklung des Menschen
Band 11263

Petra Dreyer
Ungeliebtes Wunschkind
Eine Mutter lernt, ihr behindertes Kind anzunehmen
Band 3252

Mechthild Firnhaber
Legasthenie
Wie Eltern und Lehrer helfen können
Band 3539

Marianne Grabrucker
»Typisch Mädchen ...«
Prägung in den ersten drei Lebensjahren
Band 3770

Christine Hofmann
Stunden, die zählen
Ein Kind findet ein Zuhause
Band 3296

Eugen E. Jungjohann
Kinder klagen an
Leben mit Angst, Leid und Gewalt
Band 10747

Mary MacCracken
Charlie, Eric und das ABC des Herzens
Außenseiter im Klassenzimmer
Band 3273

Lovey
Die Therapie eines schwierigen Kindes
Band 3274

Fischer Taschenbuch Verlag

fi 8/14a

Ratgeber: Leben mit Kindern

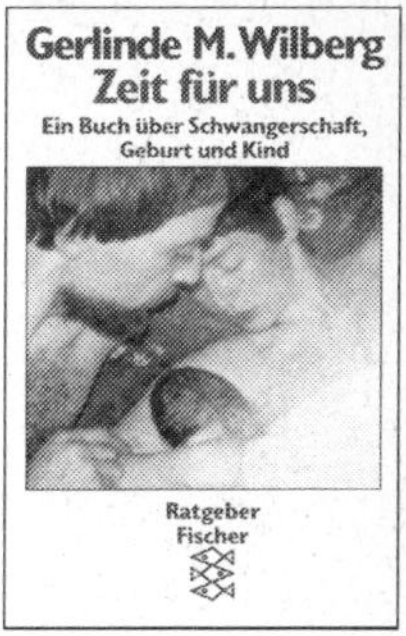

Aloys Leber / Hans-Georg Trescher / Elise Weiss-Zimmer
Krisen im Kindergarten
Psychoanalytische Beratung in pädagogischen Institutionen
Band 42315

Bettina Schubert
Erziehung als Lebenshilfe
Individualpsychologie und Schule
Ein Modell
Band 11314

Kathryn Seidick
Mit den Anforderungen wächst der Mut
Der Kampf einer Mutter um ihr schwerkrankes Kind
Band 3283

Nina und Michael Shandler
Mit Yoga zur sanften Geburt
Ratgeber für werdende Mütter und künftige Väter
Band 3322

Barbara Sichtermann
Leben mit einem Neugeborenen
Ein Buch über das erste halbe Jahr
Band 3308

Sven Wahlroos
Familienglück kann jeder lernen
Band 3302

Gerlinde M. Wilberg
Zeit für uns
Ein Buch über Schwangerschaft, Geburt und Kind
Band 3307

Franziska Wolters
Abenteuer Adoption
Leben mit verletzten Kindern
Band 3398

Hans Zulliger
Heilende Kräfte im kindlichen Spiel
Band 42328

Necha Zupnik
Janina ist nicht wie die anderen
Band 11325

Fischer Taschenbuch Verlag

fi 8/14 b

Psychologische Ratgeber

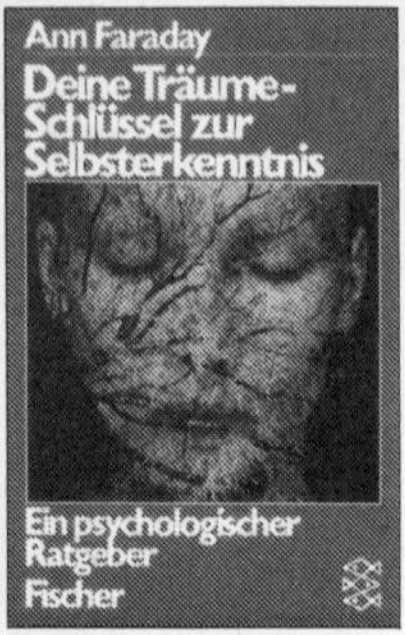

George R. Bach / Herb Goldberg
Keine Angst vor Aggression
Die Kunst der Selbstbehauptung
Band 3314

George R. Bach / Peter Wyden
Streiten verbindet
Spielregeln für Liebe und Ehe
Band 3321

Katharina Dalton
Mütter nach der Geburt
Wege aus der Depression
Band 10955

Ann Faraday
Deine Träume – Schlüssel zur Selbsterkenntnis
Band 3306

Ingrid Fiala
Mein Kind, dein Kind, unser Kind
Vom Umgang mit den Problemen in einer neuen Partnerschaft
Band 3529

Günther Gauß
Angewandtes Ganzheits-Training
Übungen und Erfahrungen
Band 3537

Der Weg zum Selbst
Übungen zur automeditativen Energetik
Band 3536

Liz Greene
Kosmos und Seele
Wege zur Partnerschaft
Ein astro-psychologischer Ratgeber
Band 10748

Werner Gross
Sucht ohne Drogen
Arbeiten, Spielen, Essen, Lieben …
Band 3531

Wolfgang Hölzle
Krankheit als Neubeginn
Bewußter leben nach dem Herzinfarkt
Band 3360

Edith Laudowicz
Älter werden wir doch alle …
Individuelle Erfahrungen und gesellschaftliche Perspektiven
Band 11462

Fischer Taschenbuch Verlag

fi 9/6a

Psychologische Ratgeber

Gottfried Lutz / Barbara Künzer-Riebel (Hg.)
Nur ein Hauch von Leben
Eltern berichten vom Tod ihres Babys und von der Zeit der Trauer
Band 10616

Angelika Mechtel
Jeden Tag will ich leben
Ein Krebstagebuch
Band 10874

Else Müller
Du spürst unter deinen Füßen das Gras
Autogenes Training in Phantasie- und Märchenreisen
Vorlesegeschichten
Band 3325

Else Müller
Auf der Silberlichtstraße des Mondes
Autogenes Training mit Märchen zum Entspannen und Träumen
Band 3363

Wege in der Wintersonne
Autogenes Training in Reiseimpressionen
Band 11354

Karl Robert Rosa
Das ist Autogenes Training
Band 3323

Renate Schwab
Der Drache im Herzen des Lebensbaums
Mit Märchen meditieren
Band 10163

Reinhart Stalmann
Psychosomatik
Wenn die Seele leidet, wird der Körper krank
Ein Therapeut erklärt Fälle aus der Praxis
Band 3332

Sven Wahlroos
Familienglück kann jeder lernen
Band 3302

Fischer Taschenbuch Verlag

fi 9/3 b

Psychologie

Eine Auswahl

Alexandra Adler
**Individual-psychologie
Anleitung zur Praxis**
Band 10131

Robert F. Antoch
Von der Kommunikation zur Kooperation
Studien zur indivi-dual-psychologischen Theorie und Praxis
Band 4618

Charles Brenner
Grundzüge der Psychoanalyse
Band 6309

Praxis der Psychoanalyse
Psychischer Konflikt und Behandlungs-technik
Band 6740

Hilde Bruch
Eßstörungen
Zur Psychologie und Therapie von Überge-wicht und Magersucht
Band 6796

Das verhungerte Selbst
Gespräche mit Magersüchtigen
Band 10167

Almuth Bruder-Bezzel
Geschichte der Individualpsychologie
Band 10793

Ernst Federn / Gerhard Wittenberger (Hg.)
Aus dem Kreis um Sigmund Freud
Nachträge zu den »Wiener Protokollen«
Band 10809

Sándor Ferenczi
Schriften zur Psychoanalyse
Auswahl in zwei Bänden
Herausgegeben von Michael Balint
I. Band: Bd. 7316
II. Band: Bd. 7317

Bernhard Handlbauer
Die Adler-Freud-Kontroverse
Band 7425

Jolande Jacobi
Die Psychologie von C. G. Jung
Eine Einführung in das Gesamtwerk
Band 6365

Russell Jacoby
Die Verdrängung der Psychoanalyse
oder Der Triumph des Konformismus
Band 10518

Fischer Taschenbuch Verlag

fi 1191 / 4 a

Psychologie

Eine Auswahl

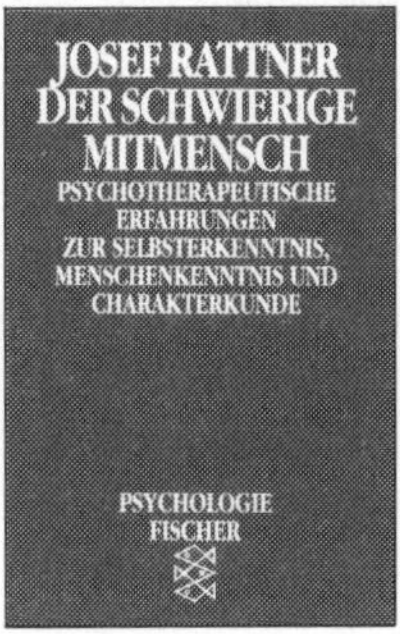

Arthur Koestler
Die Armut der Psychologie
Zwischen Couch und Skinner-Box und andere Schriften
Band 4616

Marianne Krüll
Freud und sein Vater
Die Entstehung der Psychoanalyse und Freuds ungelöste Vaterbindung
Band 11078

Margaret S. Mahler
Studien über die drei ersten Lebensjahre
Band 10798

Josef Rattner
Psychologie und Psychopathologie des Liebeslebens
Band 6737
Psychotherapie als Menschlichkeit
Band 6253
Tugend und Laster
Tiefenpsychologie als angewandte Ethik
Band 10410

Reimut Reiche
Geschlechterspannung
Eine psychoanalytische Untersuchung
Band 10329

Rainer Schmidt
Träume und Tagträume
Eine individual-psychologische Analyse
Band 10649

Rainer Schmidt (Hg.)
Die Individual-psychologie Alfred Adlers
Band 6799

Harry Stroeken
Freud und seine Patienten
Band 10856

Erwin Wexberg
Zur Entwicklung der Individualpsychologie
und andere Schriften
Herausgegeben von Gerd Lehmkuhl
Band 4619

Fischer Taschenbuch Verlag

fi 1191 / 4 b

Lebenskrisen · Lebenschancen

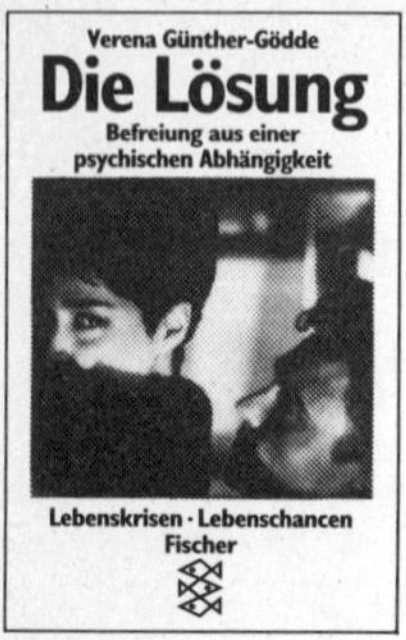

Verena Günther-Gödde
Die Lösung
Befreiung aus einer psychischen Abhängigkeit
Band 10881

Monika Hahn-Lepper
Nicht zum Leben geboren
Trauerarbeit nach dem Verlust meiner Kinder
Band 10257

Torey L. Hayden
Kevin
Der Junge, der nicht sprechen wollte
Band 3253

Ilse van Heyst
Das Schlimmste war die Angst
Geschichte einer Krebserkrankung und ihrer Heilung
Band 3902

Christine Hofmann
Stunden, die zählen
Ein Kind findet ein Zuhause
Band 3296

Anne Karedig
Zieh dich schon mal aus, ich hol' inzwischen den Stock
Versuch einer Aufarbeitung
Band 10382

Monika Knorr
Bauchschmerzen
Von der Auflehnung meines Körpers
Band 10377

Ruth van Leeuwen
Rückkehr zur Offenheit
Eine Frau lernt ihr Leben wieder lieben
Band 3271

Christiane Lenker
Krebs kann auch eine Chance sein
Zwischenbilanz oder Antwort an Fritz Zorn
Band 3288

Marlene Lohner
Plötzlich allein
Frauen nach dem Tod des Partners
Band 3290

Fischer Taschenbuch Verlag

fi 26/13 b

Lebenskrisen · Lebenschancen

Mary MacCracken
Charlie, Eric und das ABC des Herzens
Außenseiter im Klassenzimmer
Band 3273

Lovey
Die Therapie eines schwierigen Kindes
Band 3274

Kristine Malecki-Gilys
Diese eine Reise noch
Eine Mutter stirbt
Band 11037

Angelika Mechtel
Jeden Tag will ich leben
Ein Krebstagebuch
Band 10874

Dieter Menninger
Lerne Abschied nehmen
Protokolle eines Schlaganfalls
Band 11089

Helene Merz
Die verborgene Wirklichkeit
Geschichte einer Verstörung
Band 3265

Ulrike Millhahn
Von der Schwierigkeit eine gute Stiefmutter zu sein
Band 11141

Hiltrud Minwegen
Mario
Von der Sucht zur Hoffnung
Band 3282

Bertram Münker
Schmerzlose Entwicklung
Ein Krebstagebuch
Band 3275

Elisabeth Opitz
Horch in das Dunkel
Ein Bericht über eine Depression
Band 5193

Regina Pickel-Bossau/ Walter Bachmann
Ich will – laßt mich
Ein Leben mit Rollstuhl und Krücken
Band 3270

Irmgard Poppe-Teufel
Tollkirschenzeit
Malignes Melanom als Erfahrung der Lebensgrenze
Band 10419

Nina Rempp
Schichtbarrieren
Von den Verständigungsschwierigkeiten in einer Psychoanalyse
Band 3254

Fischer Taschenbuch Verlag

fi 26/8c

Lebenskrisen · Lebenschancen

Jennifer Roth
Der Weg der Glückseligkeit
Meine Jahre in einer totalitären Sekte
Band 11081

Karin Rüttimann
Das geschenkte Jahr
Ein Abschied
Band 3267

Bea Schilling
Wiegenlied mit Spätfolgen
Aus dem Leben einer Co-Alkoholikerin
Band 3268

Beat Schliep
Von Arzt zu Arzt
Die Odyssee eines Kranken
Band 10749

Bernd-Joachim Schulz
Das hoffnungslose Leben der Anna M.
Bericht über eine Schizophrenie
Band 3255

Kathryn Seidick
Mit den Anforderungen wächst der Mut
Der Kampf einer Mutter um ihr schwerkrankes Kind
Band 3283

Lydia Stephan
Du hättest so gern noch ein bißchen gelebt
Band 3297

Monika Weber
Die dunkle Seite meines Lebens
Überwindung einer Selbstzerstörung
Band 3285

Laure Wyss
Ein schwebendes Verfahren
Mutmaßungen über die Hintergründe einer Familientragödie
Band 3526

Necha Zupnik
Janina ist nicht wie die anderen
Band 11325

Fischer Taschenbuch Verlag

fi 26/2d